GRUNDKURS PHILOSOPHIE

Band 3

Wolfgang Detel

# Philosophie des Geistes und der Sprache

W0330940

Reclam

RECLAMS UNIVERSAL-BIBLIOTHEK Nr. 19346
2007, 2015 Philipp Reclam jun. GmbH & Co. KG,
Siemensstraße 32, 71254 Ditzingen
3., durchgesehene und erweiterte Auflage 2015
Druck und Bindung: Canon Deutschland Business Services GmbH,
Siemensstraße 32, 71254 Ditzingen
Printed in Germany 2017
RECLAM, UNIVERSAL-BIBLIOTHEK und
RECLAMS UNIVERSAL-BIBLIOTHEK sind eingetragene Marken
der Philipp Reclam jun. GmbH & Co. KG, Stuttgart
ISBN 978-3-15-019346-4

www.reclam.de

# Inhalt

# Einleitung

Dieses Buch ist der dritte Band einer fünfteiligen Einführung in die Grundlagen der theoretischen Philosophie, die um zwei Bände zur Ethik und zur politischen Philosophie ergänzt worden ist. Theoretische Philosophie befasst sich vornehmlich mit Aktivitäten und Ideen, die mit der Art und Weise zusammenhängen, wie wir die Welt auffassen und auf sie reagieren – mit dem Fühlen, dem Denken, dem Argumentieren und dem Erklären, aber auch mit unseren Ideen von der Natur, vom Geist und vom sozialen Bereich.

Eines der zentralen Ziele der ersten fünf Bände der kleinen Reihe besteht darin, einen Überblick über alle wichtigen Teildisziplinen der modernen theoretischen Philosophie zu liefern. Die Bände stellen ein ausführliches Kompendium der modernen theoretischen Philosophie dar, das die wichtigsten Begriffe und Positionen aller wichtigen Teildisziplinen der modernen theoretischen Philosophie präsentiert, und zwar in einer möglichst knappen, genauen und verständlichen Form. Der damit verbundene inhaltliche und formale Anspruch unterscheidet die folgende Darstellung sowohl von allgemeinen Einführungen in die Philosophie als auch von speziellen Einführungen in einzelne philosophische Teildisziplinen.

Der riskante Versuch, einen derartig umfassend angelegten Überblick zu liefern, ist in didaktischer Hinsicht dadurch motiviert, dass es in der modernen theoretischen Philosophie sehr viele Details zu lernen gibt, dass es aber zugleich wichtig bleibt, nicht den Blick auf das Ganze zu verlieren. In theoretischer Hinsicht ist die Anlage der Bände dadurch motiviert, dass sich die Teildisziplinen der theoretischen Philosophie in den letzten Jahrzehnten immer stärker miteinander vernetzt haben. Dabei sind vor allem die großen Fragen der Philosophie wieder aufgenommen und zum Teil auf eine neue und höchst interessante Weise beantwortet worden.

Die Präsentation des umfangreichen Stoffes erfolgt rein systematisch. Philosophische Vorkenntnisse werden nicht vorausgesetzt. Die Begriffsbildungen und Positionen werden Schritt für Schritt eingeführt und bauen aufeinander auf. Daher werden sie nummeriert. Dabei bezeichnet die erste Zahl die Bandnummer und die zweite Zahl die entsprechende Explikation (= begriffliche Erläuterung). Die Nummerierung läuft durch alle Bände durch, beginnt also nicht in jedem Band von vorn. »1.35« verweist beispielsweise auf Explikation 35, die in Band 1 steht, »3.150« auf Explikation 150, die in Band 3 vorkommt, und »5.300« auf Explikation 300 und damit auf die letzte Explikation in Band 5.

Fast alle Explikationen werden kommentiert und durch Beispiele erläutert. Wenn zu einem eingeführten philosophischen Begriff ein weiterer Fachausdruck existiert, der dasselbe bedeutet, wird er in den meisten Fällen in runden Klammern hinter einem Gleichheitszeichen angegeben.

Der Text enthält zahlreiche interne Verweise auf Explikationen, die bereits eingeführt wurden, zuweilen aber auch auf Explikationen, die erst später eingeführt werden. Dadurch soll das begriffliche Netz, das in diesen Bänden entfaltet wird, transparenter und die Erinnerung an schon eingeführte Kontexte geschärft werden. Ein Verzeichnis der wichtigsten Begriffe dient demselben Zweck. Zu den einzelnen Kapiteln und den meisten der aufgeführten philosophischen Explikationen werden am Ende eines jeden Bandes Übungsaufgaben gestellt, die den Lernprozess unterstützen und zugleich auf die konkrete Anwendbarkeit der eingeführten Explikationen verweisen.

Von ihrer Anlage her gesehen stellt diese Einführung daher einen Grundkurs dar, der auch einem Selbststudium und als Hintergrundinformation für philosophische Proseminare dienen kann. Die einzelnen Kapitel und Bände bauen begrifflich und sachlich aufeinander auf, sollten also in der angebotenen Reihenfolge studiert werden. Alle Kapitel und Bände zusammengenommen entwickeln die Grundzüge einer einzigen umfassenden Theorie. Mit Hilfe eines guten Philosophie-Lexikons können die einzelnen Bände allerdings auch unabhängig voneinander gelesen werden.

Der erste Band der Einführung in die theoretische Philosophie behandelt argumentationstheoretische und logische Grundlagen, auf die in allen weiteren Kapiteln zurückgegriffen werden muss. Der zweite Band beschäftigt sich mit philosophischen Theorien zu den grundlegenden allgemeinen Bausteinen der Welt, d. h. mit Metaphysik im allgemeinsten Sinn – insbesondere mit Theorien des Seins (Ontologie oder Metaphysik im spezielleren Sinn), mit der Naturphilosophie und mit der Theorie natürlicher und lebender Systeme. Der dritte Band hat den Geist mit seinen unterschiedlichen Ebenen zum Gegenstand, also den Ebenen des Fühlens, des Denkens, der Sprache und des Bewusstseins. Dieses Thema wird im vierten Band weitergeführt mit der Behandlung weiterer Formen des Geistigen, nämlich von Wahrnehmung, Wissen und Wissenschaft. Der fünfte und letzte Band schließlich behandelt den Bereich der Handlungen, des Sozialen und ihrer wissenschaftlichen Analysen. Vom zweiten bis einschließlich dem fünften Band wird also in Umrissen die Entwicklung vom Natürlichen über das Geistige zum Sozialen aus philosophischer Perspektive nachgezeichnet.

Einschlägige philosophische Texte und Autoren können in dieser Einführung aus Platzgründen nicht diskutiert werden. Am Ende der Übungen eines jeden Kapitels der Bände werden jedoch einige moderne Texte (Artikel oder Buchabschnitte) angegeben, in denen zu den entsprechenden Themen Bahnbrechendes geleistet wurde. Die Texte wurden so ausgewählt, dass ihre Lektüre mit einigen der wichtigsten Autoren bekannt macht, die die heutige Philosophie geprägt haben.

Ein Werk, das auf schmalem Raum einen Überblick in dieser Spannweite versucht, muss letzten Endes eine Kompromisslösung bleiben. Nichts kann hinreichend ausgeführt werden, vieles muss ausgelassen oder vereinfacht werden. Ein besonders schmerzliches Defizit ist der – aus Platzgründen erforderliche – Verzicht auf eine ausführliche Darstellung der Argumente für und gegen die eingeführten Positionen. Ich bin jedoch im Laufe meiner Unterrichtstätigkeit zu der Überzeugung gekommen, dass die Vorzüge eines solchen Überblicks seine Nachteile übertrumpfen. Einer dieser Vorzüge besteht darin, dass die Leser anhand dieses Überblicks recht schnell entscheiden können, ob sie philosophische Probleme interessant finden und welche dieser Probleme ihnen besonders attraktiv zu sein scheinen.

Diese Einführung in die theoretische Philosophie soll ihrem eigenen Anspruch nach nicht empirisch immunisierte begriffliche Vorschläge präsentieren. Einige der Positionen und Begriffsbestimmungen, die auf den folgenden Seiten skizziert werden, sind in der heutigen Philosophie umstritten und repräsentieren nicht die Auffassungen des Verfassers des Grundkurses. Vielmehr werden durchweg Standardbegriffe und Standardpositionen präsentiert, die weit verbreitet sind und die man daher kennen sollte, wenn man die laufenden Debatten zur gegenwärtigen theoretischen Philosophie angemessen verstehen möchte. Außerdem handelt es sich im Folgenden um Vorschläge, die mit dem Anspruch auf Weltwissen verbunden sind. Die Philosophie des Geistes glaubt beispielsweise, das reale mentale Phänomen der Repräsentation weitaus angemessener und raffinierter analysieren zu können als Psychologie und Neurobiologie. Die Kehrseite des philosophischen Anspruchs auf Weltwissen besteht freilich darin, dass sich auch philosophische Theorien an der Wirklichkeit bewähren und sich gegebenenfalls von anderen empirischen Wissenschaften belehren lassen müssen. In diesem Sinne versteht sich dieser Grundkurs auch als ein Angebot an nicht-philosophische Wissenschaften, sich bei Bedarf über Grundzüge der modernen Philosophie rasch zu orientieren.

Die Anlage dieser ersten fünf Bände verdankt sich langjährigen didaktischen Experimenten und Erfahrungen mit einem Grundkurs zur theoretischen Philosophie der Gegenwart, den ich wiederholt am Philosophischen Institut der Goethe-Universität Frankfurt a. M. durchgeführt habe. Außerordentlich hilfreich waren dabei die (anonymen) Evaluierungen der verschiedenen Varianten des Grundkurses. Die Tutoren und Tutorinnen, die die Tutorien zum Grundkurs engagiert betreut haben, konnten mir aufgrund ihrer intimen Kenntnis des Stoffes und der Diskussionen in den Tutorien viele wichtige Hinweise zur besseren Verständlichkeit des Textes und der Übungsaufgaben liefern. Für dieses Engagement möchte ich mich bei allen Beteiligten herzlich bedanken.

# 7. Allgemeine Philosophie des Geistes

## Die Idee des Geistes

Wir Menschen sind nicht nur biologische Maschinen, die ihren Stoffwechsel organisieren oder sich fortpflanzen, sondern wir haben auch ein geistiges Leben – wir nehmen z. B. Gegenstände in der externen Welt wahr, wir fühlen gelegentlich Schmerzen, und zuweilen denken wir auch über etwas nach. In der Geschichte der neuzeitlichen Philosophie ist der Geist vielfach als eine Substanz aufgefasst worden, deren zentrale Aktivität das Denken ist. Wahrnehmungen und Gefühle wurden oft als physiologische Phänomene angesehen. In der zeitgenössischen Philosophie des Geistes wird der Geist dagegen auf der grundlegendsten Ebene als eine Menge *von Zuständen (meist des Gehirns) mit geistigen (= mentalen) Eigenschaften oder Aspekten* angesehen (= *mentale Zustände* 3.103), die ihre Träger nicht nur befähigen etwas zu denken, sondern auch etwas wahrzunehmen oder zu fühlen. Ausgangspunkt der philosophischen Betrachtung des Geistes ist daher meist eine offene Liste von mentalen Zuständen, an denen sich typische mentale Eigenschaften studieren lassen – unter anderem Empfindungen, Stimmungen, Gefühle, Träume, Erinnerungen, Wünsche, Absichten, Interessen, Gedanken, Meinungen, Überzeugungen und Erwartungen. Der *Geist* eines Organismus lässt sich dann zunächst als die Gesamtheit seiner mentalen Zustände bestimmen.

Damit ist allerdings noch nicht viel gewonnen, denn diese Bestimmung ist offensichtlich zirkulär. Der Begriff eines mentalen Zustandes involviert nämlich den Begriff des Geistes. Wir müssen daher klären, was einen Zustand zu einem mentalen Zustand, d. h. zu einer geistigen Episode, macht. Welches sind die grundlegenden Merkmale mentaler Zustände? Eine erste Antwort auf diese Frage zeichnet sich ab, wenn wir auf die Umstände achten, die das Auftreten mentaler Zustände in unserem Geist gewöhnlich begleiten. Wir wandern beispielsweise vergnügt in den kanadischen Wäldern umher und treffen plötzlich auf einen knurrenden aufgerichteten Grizzlybären. Wenn wir in die richtige Richtung blicken, nehmen wir den Grizzlybären wahr, bekommen es gehörig mit der Angst zu tun und verfallen in eine Schockstarre oder laufen davon. Oder wir gehen auf der Straße einer Person entgegen, sehen beim Näherkommen, dass es sich um einen engen Freund handelt, den wir schon lange einmal wieder sprechen wollten, und eilen ihm erfreut entgegen. Die mentalen Zustände, die in diesen beiden Beispielen auftreten – bestimmte Wahrnehmungen und Angst bzw. Freude – sind in eine kausale Folge eingebettet, in der sie eine bestimmte kausale Rolle spielen. Die Begegnung mit dem Bären (dem Freund) führt zu einer Wahrnehmung, die das wahrgenommene Objekt als Bären (als Freund) klassifiziert. Diese Wahrnehmung führt unmittelbar zu einer *Bewertung* (*Evaluation*) des wahrgenommenen Objekts. Den Bären evaluieren wir in Gestalt eines Angstgefühls als gefährlich, den Freund in Gestalt einer freudigen Erregung als anziehend (in welcher Form auch immer). Und diese Evaluation löst wiederum eine motorische Reaktion aus, in Form einer Bewegung oder Handlung im Raum. Diese typische Einbettung in eine kausale Zustandsfolge kennzeichnet die kausale Rolle mentaler Zustände. Auf der grundlegendsten Ebene ist die kausale Rolle mentaler Zustände in den *Wahrnehmungs-Bewegungs-Kreislauf* eingebettet, in dem geistige Wesen *online* (wie man heute oft sagt, d. h. direkt) mit der externen Welt interagieren: Wir bewegen uns im Raum, um etwas angemessen wahrzunehmen und zu evaluieren, und wir nehmen Dinge wahr und evaluieren sie, um uns vorteilhaft im Raum zu bewegen.

Diese kausale Rolle lässt sich auch als die *natürliche Funktion* (2.97) *mentaler Zustände* bezeichnen. Und wenn man bedenkt, dass wir selbst natürliche Systeme (2.93) sind und die ausgelösten motorischen Reaktionen aufgrund evolutionärer Mechanismen gewöhnlich adaptiv sind (also zu unserem Überleben beitragen), kann man sogar von einer *echten Funktion* (2.100) *mentaler Zustände* sprechen. Darüber hinaus scheinen die skizzierten Episoden offensichtlich zwei verschiedene Arten von mentalen Zuständen zu enthalten, nämlich Wahrnehmungen und Gefühle.

Unsere *Wahrnehmungen* greifen auf einen oder mehrere unserer fünf Sinne zurück und sind gewöhnlich auf Gegenstände *gerichtet*: Wir nehmen *etwas* wahr, oder wir nehmen wahr, *dass etwas der Fall ist*. Man sagt auch, dass Wahrnehmungen dasjenige, auf das sie gerichtet sind und für das sie gleichsam stehen, *repräsentieren* und dass sie insofern *repräsentational* oder *Repräsentationen* sind (vgl. dazu ausführlicher 4.180–4.186). In ähnlicher Weise sind z. B. Überzeugungen und Erkenntnisse Repräsentationen, denn sie repräsentieren, *wovon* wir überzeugt sind oder *was* wir erkennen (4.184 (3)). Wenn Barbara davon überzeugt ist, dass die Demokratie die beste Staatsform ist, dann repräsentiert ihre Überzeugung, dass die Demokratie die beste Staatsform ist. Viele unserer Repräsentationen (etwa unserer Wahrnehmungen und Überzeugungen) sind *korrekt* bzw. *wahr*, doch können Repräsentationen auch *inkorrekt* bzw. *falsch* sein. Wenn Frösche nach kleinen schwarzen Partikeln schnappen, die keine Fliegen sind, dann repräsentieren ihre Wahrnehmungen fälschlicherweise Fliegen. Und wenn Barbara meint, dass Davidson ein lausiger Philosoph war, dann repräsentiert ihre Meinung, dass Davidson ein lausiger Philosoph war, auch wenn Davidson tatsächlich kein lausiger, sondern ein kreativer und brillanter Philosoph war. Ob unsere Repräsentationen nun korrekt oder inkorrekt sind, sie haben in jedem Fall jenen *Inhalt* (oder *Gehalt*), den wir – wie wir an den Beispielen sehen – meist durch eine Dass-Klausel angeben. Mentale Repräsentationen sind auf die Welt ausgerichtet, doch sind sie wahr-oder-falsch, d.h. sie weisen *Korrektheitsbedingungen* auf.

Die evaluative (= wertende) Komponente unserer Repräsentationen und insbesondere unserer Wahrnehmungen tritt, wie wir gesehen haben, meist in Gestalt bestimmter Gefühle auf. Gefühle enthalten einen Aspekt, den nicht alle Repräsentationen aufweisen. Wenn wir Angst haben, *erleben* wir Dinge und Zustände in einer bestimmten Weise. Wir können empfinden oder sagen, *wie es ist*, ein bestimmtes Gefühl zu haben. Wer z.B. alle Theorien über Todesangst kennt, aber noch nie Todesangst hatte und daher noch nie Todesangst erlebt hat, weiß nicht, wie es ist, in Todesangst zu sein. Dieser Aspekt ist eine grundlegende Form des *Bewusstseins*, das anzeigt, wie wir angesichts unserer Wünsche und Präferenzen zu bestimmten Umständen stehen – sowohl zu Umständen in uns als auch in der externen Welt. Körpergefühle wie Schmerzen etwa bewerten den Zustand unseres Gewebes, eine Emotion wie Ekel bewertet Nahrung, die wir zu uns nehmen wollen.

Viele Gefühle sind aber zugleich auch Repräsentationen. Unsere Angst vor dem knurrenden Grizzlybären beruht natürlich auf unserer (repräsentationalen) Wahrnehmung des Grizzlybären, aber das Angstgefühl repräsentiert darüber hinaus, dass der Grizzlybär für uns gefährlich ist. Auch diese evaluative Repräsentation kann korrekt oder inkorrekt sein. Es könnte sein, dass der Grizzlybär, den wir erschreckt vor uns sehen, überhaupt nicht beabsichtigt, uns anzugreifen, und daher für uns gar nicht gefährlich ist.

Nicht alle unsere Repräsentationen sind uns bewusst. Es kann z.B. Eifersucht geben, die uns nicht bewusst ist. Manche unserer Meinungen, auf die wir uns gerade nicht konzentrieren, oder die zu den logischen Implikationen unserer Meinungen gehören, sind uns nicht bewusst. Es mag auch Interessen geben, die wir haben, ohne dass sie uns bewusst wären. Und nicht alle unsere Repräsentationen rufen motorische Reaktionen hervor, denn manche

Repräsentationen lassen uns kalt. Diejenigen Repräsentationen, die uns in Gestalt evaluativer Gefühle bewusst sind und bestimmte motorische Reaktionen hervorrufen, werden auch *Pushmi-Pullyu-Repräsentationen* genannt. Auf der elementarsten Ebene, vor allem innerhalb des Wahrnehmungs-Bewegungs-Kreislaufs, sind die meisten Repräsentationen von Menschen und höheren Tieren (die Gefühle entwickeln können) Pushmi-Pullyu-Repräsentationen.

Mentale Zustände weisen also drei grundlegende Merkmale auf: natürliche Funktionalität, Repräsentationalität und Bewusstsein. Das Substantiv »Bewusstsein« lässt allerdings leicht an einen eigenständigen Gegenstand denken. Die modernen Bewusstseinstheorien verstehen *Bewusstsein* dagegen als *Eigenschaft* einiger Gehirn- oder Körperzustände, bewusst zu sein – d. h. als einen temporären Zustand, den Organismen bestimmter Komplexität vorübergehend aufbauen und auch wieder abbauen, ähnlich wie Fieberzustände. Man sollte daher besser von »Bewusstheit« sprechen. Wenn im Folgenden weiterhin der verbreitete und schönere Begriff »Bewusstsein« verwendet wird, dann geschieht dies stets im Sinne von Bewusstheit.

Warum sind diese drei Merkmale mentaler Zustände so wichtig und grundlegend? Mit ihrer natürlichen Funktionalität tragen mentale Zustände wesentlich zu den Überlebensstrategien geistiger Wesen bei, vor allem im Rahmen des basalen Wahrnehmungs-Bewegungs-Kreislaufs. Die Repräsentationalität mentaler Zustände erlaubt es geistigen Wesen, nicht nur kausal, sondern auch erkennend mit der Welt zu interagieren, diese Erkenntnisse zu bewerten und auf dieser Grundlage mehr und mehr von der Welt zu lernen. Das Bewusstsein schließlich fokussiert uns auf neuartige Probleme und macht zu einem erheblichen Teil unsere Subjektivität und Innerlichkeit aus: Nur ich kann *meine* Schmerzen haben, nur Arnold kann *seine* Eifersucht haben. In einigen bewussten Zuständen, vor allem in Gefühlszuständen, werden Evaluationen zugänglich und können erlebt werden. Gefühle werden z. B. als angenehm oder unangenehm erlebt.

**3.103** *Geist und mentale (geistige) Zustände: Grundlegende Merkmale*

(1) Mentale Zustände von Organismen haben *natürliche Funktionen* (2.97), die im Wesentlichen darin bestehen, dass externe Reize (= Stimuli) kausal zu inneren Gehirn- und Körperzuständen führen, die ihrerseits auf kausale Weise Reaktionen auslösen, die für den Organismus nützlich sind.
(2) Einige mentale Zustände sind *Repräsentationen*, d. h. sind auf einen Umstand gerichtet, in Hinsicht auf den sie korrekt oder inkorrekt sein können. Als Repräsentationen weisen sie Korrektheitsbedingungen auf. Repräsentationen erlauben es geistigen Wesen, Aspekte der Welt zu erkennen und diese Erkenntnis durch Lernen zu verbessern.
(3) Die elementarsten Repräsentationen sind *Pushmi-Pullyu-Repräsentationen*, die (i) ein visuelles und auditives Erfassen der Konturen und Strukturen sowie (ii) eine positive oder negative Evaluation des repräsentierten Gegenstandes in Gestalt einer Basis-Emotion enthalten und daraufhin (iii) eine vorteilhafte motorische Reaktion auslösen.
(4) Pushmi-Pullyu-Repräsentationen sind eingebettet in einen elementaren *Wahrnehmungs-Bewegungs-Kreislauf*: Wir bewegen uns im Raum, um etwas korrekt wahrzunehmen und zu evaluieren, und wir nehmen Dinge wahr und evaluieren sie, um uns adaptiv im Raum zu bewegen.
(5) Einige mentale Zustände von Organismen sind

*bewusst*, also für ihre Träger subjektiv, d. h. die Organismen fühlen oder wissen, wie es ist, in diesen Zuständen zu sein.

(6) Funktionalität, Repräsentationalität und Bewusstheit sind nach (1) – (5) *charakteristische Merkmale mentaler Zustände und des Geistes.*

(7) Die charakteristischen Merkmale mentaler Zustände sind jeweils auf ihre Weise *normativ*: Natürliche Funktionen können mehr oder weniger erfolgreich ausgeübt werden, Repräsentationen können mehr oder weniger angemessen sein, und Bewusstsein macht Evaluationen erlebbar.

(8) Der *Geist* ist im Wesentlichen die Menge mentaler Zustände und ist daher im Wesentlichen durch die charakteristischen Merkmale mentaler Zustände gekennzeichnet.

Eine der wichtigsten Fragen der modernen Philosophie des Geistes lautet, ob mentale Zustände nichts anderes sind als Gehirnzustände, die wir allein mit den Mitteln der Physik, Chemie und Biologie beschreiben könnten. Im Alltag haben wir gewöhnlich eine *dualistische Intuition*: Mentale Zustände sind nicht nur physikalische Zustände. Zugleich glauben wir allerdings, dass einige unserer mentalen Zustände eine kausale Wirkung auf die *physische* Welt haben, dass also *mentale Verursachung* möglich ist. Unser Hungergefühl scheint beispielsweise zusammen mit unserer Meinung, dass der Kühlschrank voller leckerer Speisen ist, unseren Gang in die Küche kausal zu bewirken. Wie dies allerdings möglich sein soll, wenn das Geistige nicht etwas Physisches ist, lässt sich nur schwer ausmachen – wir haben es hier mit einem schwierigen wissenschaftlichen und philosophischen Rätsel zu tun.

## Geist und Natur

Das Rätsel der mentalen Verursachung ist ein Spezialfall des allgemeineren Problems, in welchem Verhältnis der Geist zur Natur steht. Eine Lösung dieses Problems hat weitreichende Konsequenzen für unser Selbstverständnis. Und die wichtigsten Lösungsvorschläge zeigen, wie außergewöhnlich und rätselhaft die Tatsache ist, dass wir geistige (also fühlende und denkende) Wesen sind.

In der klassischen Philosophie des Geistes wurde zum Teil ein ontologischer Dualismus zwischen körperlicher Natur und Geist (zwischen Leib und Seele) vertreten:

**3.104** *Ontologischer Dualismus von Natur und Geist (= Substanz-Dualismus) und klassisches Leib-Seele-Problem*

(1) Kernaussage des *ontologischen Dualismus*:
- (a) Natur und Geist sind verschiedene Substanzen: Mentale Zustände sind nicht-physikalische Zustände.
- (b) Mentale Zustände können kausal auf physikalische Zustände einwirken.
- (c) Der Bereich physikalischer Zustände ist kausal geschlossen, d. h. dieser Bereich ist allein in der Sprache der Physik beschreibbar.

(2) *Klassisches Leib-Seele-Problem (Körper-Geist-Problem = Gehirn-Geist-Problem)*: Die drei Thesen (a), (b) und (c) aus (1) sind nicht miteinander konsistent, d. h. sie enthalten einen logischen Widerspruch (1.30 (a)).

In der Chemie bezeichnet »Substanz« immer stofflich Materielles. In der Ontologie versteht man unter Substanzen Entitäten (2.43), deren Existenz nicht von der Existenz anderer Entitäten abhängig ist. Substanzen *existieren* dieser ontologischen Vorstellung zufolge *autonom*.

Die Inkonsistenz des ontologischen Dualismus lässt sich leicht erkennen. Gelten z. B. (a) und (c) aus 3.104 (1), dann können mentale Zustände nicht kausal auf physikalische Zustände einwirken – im logischen Widerspruch (1.30 (a)) zu (b). Denn nach (a) sind mentale Zustände nicht-physikalisch, aber nach (c) können nur physikalische Zustände auf andere physikalische Zustände wirken, d. h. mentale Zustände als nicht-physikalische Zustände können nicht auf physikalische Zustände wirken, im logischen Widerspruch zu (b). Daher wurde der Substanz-Dualismus zurückgewiesen und wird heute nicht mehr vertreten.

Der Geist scheint aber zumindest insofern mit der Natur zusammenzuhängen, als er auf irgendeine Weise mit dem Gehirn verbunden (= *korreliert*) ist. Das Gehirn besteht aus *Neuronen*, also aus Nervenzellen, die kleine elektrische Ströme erzeugen und chemische Botenstoffe weiterleiten können. Auf diese Weise können Neuronen empfangene Daten (= *Inputs*) verarbeiten (= *prozessieren*) und zu neuen Daten (= *Outputs*) verrechnen. Jedes Neuron hat ungefähr die Rechenkraft eines gebräuchlichen Laptops. Das menschliche Gehirn enthält ca. 90 Milliarden Neuronen und verfügt daher über eine gigantische Rechenkraft. Wenn die Neuronen elektrische Ströme und Botenstoffe übertragen (also Berechnungen durchführen), sagt man auch, dass *die Neuronen aktiv sind und feuern*. Aktive *Zustände des Gehirns* sind Areale und Muster feuernder Neuronen.

Die Neurobiologie kann heutzutage durch bildgebende Verfahren gut sichtbar machen, welche Neuronen wann feuern. Man kann daher durch Laborexperimente kontrollieren, welche mentalen Zustände mit welchen Gehirnzuständen korreliert sind. Dazu müssen sich die Probanden in der mentalen Sprache beschreiben (z. B. sagen: »Jetzt habe ich Angst«), und zugleich müssen die Neurobiologen prüfen, welche Neuronen im Gehirn des Probanden zum Zeitpunkt seiner mentalen Selbstbeschreibung feuern. Viele Experimente dieser Art zeigen, dass die folgende Korrelationsthese als empirisch sehr gut gesichert gelten kann:

**3.105** *Korrelationsthese*

Für jeden Typ (= Art) M eines bei einem Organismus O vorkommenden mentalen Ereignisses gibt es einen Gehirnzustand der Art G von O (das neurale Korrelat zu M) derart, dass M bei O zu t vorkommt genau dann, wenn G bei O zu t vorkommt.

Die Korrelationsthese gilt heute als robust empirisch bestätigt. Beispielsweise sind Furchtzustände immer mit Aktivitätsmustern feuernder (sich elektrisch entladender) Neuronen in der Amygdala (vgl. S. 111) korreliert. Es ist also nach 3.105 mit unserem robust bestätigten Wissen unvereinbar anzunehmen, dass es Personen oder andere Wesen mit einem Bewusstsein und repräsentativen Fähigkeiten gibt, die ohne ein funktionierendes physisches Gehirn leben können. Die Korrelationsthese ist offensichtlich unvereinbar mit verbreiteten religiösen Annahmen, z. B. mit den Annahmen, dass unser Geist (unsere Seele) nach dem Tod weiterlebt oder dass es einen persönlichen Gott gibt, der als reiner Geist Gebete erhören oder gar über Menschen nach ihrem Tode richten kann.

## Identitätstheorien

Die Korrelationsthese 3.105 gibt uns keinen Aufschluss darüber, in welchem *genaueren* Verhältnis die mentalen Zustände zu den korrelierten Gehirnzuständen stehen. Als man vor rund 100 Jahren damit begann, darüber nachzudenken, wie sich die Psychologie in eine ernstzunehmende empirische Wissenschaft (4.208 (2)) verwandeln kann, hatten die logischen Empiristen (3.161) bereits nachdrücklich die These verteidigt, dass jede wissenschaftliche Theorie durch einen Abgleich ihrer logischen Konsequenzen mit beobachtbaren Daten zu überprüfen ist. Innere mentale Zustände und damit der Geist sind jedoch selbst nicht beobachtbar und scheinen daher den problematischen Status eines schwer erforschbaren und womöglich wirkungslosen Gespenstes in der Maschine des Körpers aufzuweisen. Wenn man sich dagegen konkret vergegenwärtigt, aufgrund welcher Daten wir einer Person einen mentalen Zustand wie z. B. Eifersucht zuschreiben, dann wird schnell klar, dass die Tendenz, unter wohlbekannten Bedingungen z. B. wütend zu werden, Vorwürfe zu machen oder den Kontakt mit dem Partner für eine Weile (im Extremfall für immer) abzubrechen, die entscheidende Rolle spielt. Derartige Tendenzen sind, ein wenig technischer formuliert, *Verhaltensdispositionen*. Die Eigenschaft von Zucker, in Wasser löslich zu sein, ist beispielweise die Disposition von Zucker, sich unter der Bedingung des Eintauchens in Wasser aufzulösen. Ähnlich könnte man Eifersucht als (beobachtbare) Disposition auffassen, unter wohlbekannten Bedingungen ein bestimmtes Verhalten an den Tag zu legen – etwa wütend zu werden, Vorwürfe zu machen oder den Kontakt mit dem Partner abzubrechen. Mentale Zustände sind aus dieser Perspektive *nichts anderes als* – und demnach *identisch mit* – bestimmten Verhaltensdispositionen. Damit ist die erste moderne Identitätstheorie des Geistes umrissen, die sich *Behaviorismus* (von englisch *behavior*, Verhalten) nannte:

### 3.106 *Behavioristische Theorie des Geistes*

(1) Der *Behaviorismus* behauptet:

(i) Mentale (= geistige, psychische) Phänomene sind identisch mit beobachtbaren Verhaltensmustern und Verhaltensdispositionen.

(ii) Die Beschreibungen mentaler Phänomene müssen öffentlich sein, d. h. aus der objektiven Perspektive der dritten Person erfolgen.

(iii) Verhalten (behavior) besteht lediglich aus physiologischen Reaktionen auf externe Reize.

(iv) Dabei ist eine *Disposition* die Eigenschaft eines Gegenstandes, unter bestimmten Bedingungen eine weitere Eigenschaft anzunehmen oder ein Verhalten zu manifestieren.

(2) *Varianten des Behaviorismus:*

(a) *Linguistischer Behaviorismus:* Jede psychologische Aussage (im engeren Sinne jede nichtleere Aussage, die mentale Phänomene beschreibt), lässt sich ohne Inhaltsverlust in eine Aussage übersetzen, die ausschließlich Verhaltens- und Körperphänomene betrifft (Übersetzungsthese).

(b) *Metaphysischer Behaviorismus:* Es gibt keine mentalen Zustände oder Ereignisse, die über tatsächliches Verhalten oder Verhaltensdispositionen hinausgehen *(ontologische These).*

(c) *Methodologischer Behaviorismus:* Die einzig zulässigen Daten für die wissenschaftliche Psychologie sind Verhaltensdaten; psychologische Theorien dürfen sich mit ihrem Vokabular, mit ihren Erklärungen und Prognosen nicht auf interne Zustände von Organismen berufen *(methodische These).*

Dem Behaviorismus zufolge sind Beschreibungen, die sich auf typische Auslöser und typische Reaktionen beschränken, durchaus hinreichend, um beispielsweise Eifersucht zu diagnostizieren. Diese Diagnose läuft darauf hinaus, die beobachtbaren Wahrheitsbedingungen für das Vorkommen von Eifersucht *und damit* die Bedeutung des Begriffs »Eifersucht« zu bestimmen.

Wenn der Geist nicht ein Gespenst im Gefäß eines Körpers, sondern ein kausales Reaktionsmuster physikalischer Ereignistypen ist, dann liegt es nahe, mentale Ereignisse schlicht mit physikalischen Ereignissen zu identifizieren. Diese Annahme beruht auf der Unterscheidung von Token und Typus. Ein Token ist ein konkretes, materielles, raumzeitlich lokalisiertes, einzelnes und in seiner Beschaffenheit einmaliges Vorkommnis eines Gegenstandes, Zustandes oder Ereignisses. Ein Typus ist eine schematisierende Struktur, die durch ihre Tokens (gegebenenfalls auf unterschiedliche Weise) instanziiert wird. Das Wort »Otto« als Zeichenfolge besteht aus 4 Tokens und 2 Typen. Jeder individuelle Mensch ist ein Mensch-Token des Typus Menschheit.

Token + Typus

Das Begriffspaar »Token/Typus« hat demnach Ähnlichkeiten mit den Begriffspaaren »konkreter Einzelgegenstand/Universalie (= universelle Eigenschaft)« und »Element/Klasse«. In den meisten Fällen sind Typen auch universelle Eigenschaften. Allerdings können Einzelgegenstände und Klassenelemente im Unterschied zu Tokens abstrakt sein.

**3.107** *Typen-Identitätstheorie (Typen-Physikalismus)*

(1) Mentale Typen (Eigenschaften) sind nichts weiter als bestimmte physikalische Typen (Eigenschaften).
(2) Das mentale Vokabular kann in ein synonymes physikalistisches Vokabular (2.101) übersetzt werden.

Die Typen-Identitätstheorie behauptet etwa: Die Eigenschaft als *Typus*, Furcht zu empfinden, ist *nichts weiter* als die Eigenschaft, in der Amygdala des Gehirns einen Typus bestimmter neuronaler Aktivitäten aufzuweisen. Akzeptiert man den Typen-Physikalismus, so gibt es kein eigenständiges mentales Vokabular (zum Physikalismus allgemein: 2.65 (2), 2.68, 2.69). Der Typen-Physikalismus ist eine robuste materialistische und reduktionistische Theorie. Und der Behaviorismus ist offensichtlich eine spezielle Variante der Typen-Identitätstheorie.

## Die funktionalistische Theorie des Geistes

Die Entdeckung der kausalen Rolle und natürlichen Funktionalität mentaler Zustände (3.103 (1)) und ihrer Korrelation mit aktiven Gehirnzuständen (3.105) wurde zu einer Theorie des Geistes ausgebaut, die eine Analogie zwischen Geist und Computer (genauer: zwischen Geist und der Software eines Computers) nahelegte und die Grundlage *des kognitionswissenschaftlichen Bildes* vom Geist werden sollte. Diese Theorie führte zu erheblichen Vorbehalten gegenüber der Typen-Identitätstheorie und insbesondere der behavioristischen Theorie des Geistes.

Die entscheidende Idee der *funktionalistischen Theorie des Geistes* (sie wird auch als *Computertheorie des Geistes* bezeichnet) besteht darin, an die natürliche Funktionalität mentaler Zustände anzuknüpfen und den Geist als eine Menge von natürlichen Funktionen oder funktionalen Mechanismen aufzufassen. Natürliche Funktionalität ist ein allgemeines Merkmal, das keineswegs nur bei mentalen Zuständen auftritt. Die Eigenschaft eines Türschlosses, geöffnet zu sein, ist beispielsweise eine funktionale Eigenschaft. Ihre Funktionalität besteht darin, dass wir diese Eigenschaft durch Hinweis auf kausale Ketten von Zuständen oder Ereignissen beschreiben können. Ein Türschloss ist beispielsweise offen genau dann, wenn wir, falls wir durch die Tür gehen wollen, den Türdrücker herunterdrücken und an der Tür ziehen oder sie stoßen, die Tür aufgeht und wir durch sie hindurchgehen können. Der einfachste und allgemeinste Ausdruck der natürlichen Funktionalität greift auf die Idee einer virtuellen Turing-Maschine zurück. Stellen wir uns ein mechanisches Laufband L mit Feldern vor, das in endlich vielen diskreten (= getrennten) Schritten nach links oder rechts rücken kann. Wenn auf den Feldern etwa immer eines von fünf verschiedenen Symbolen A, B, C, D, E auftaucht, dann könnte eine Maschinenbeschreibung von L lauten: »Bei A bleibt L stehen, bei B rückt L einen Schritt nach rechts, bei C rückt L zwei Schritte nach rechts, bei D rückt L einen Schritt nach links, bei E rückt L zwei Schritte nach links.« Diese einfachen Formen von maschinellen Anweisungen können durch verschiedene physikalische Mechanismen realisiert werden, mit deren Hilfe L konstruiert werden kann, um die Symbole abzulesen und damit den Effekt einer bestimmten Bewegung von L auszulösen. Dieser Maschinen- und Automaten-Begriff ist also keineswegs auf Gegenstände aus Blech und Drähten eingeschränkt (siehe 3.109 (4)).

**3.108** *Turingmaschine*

Eine *Turingmaschine* ist eine gedanklich konstruierte Maschine zur Darstellung beliebiger Berechnungen (*computations*). Die Maschine besteht

(a) aus einem unendlichen Band, unterteilt in Abschnitte, die bestimmte Symbole enthalten können,

(b) aus einem struktursensitiven Erkennungs- und Schreibmechanismus, der die Symbole registrieren kann, über den das unendliche Band nach rechts hinweg läuft und bestimmte Symbole in freie Felder einträgt,

(c) aus einer Menge von Anweisungen (»Programm«, Funktionen), die die Maschine dazu bringen, zu jeder gegebenen Kombination aus bestimmten Symbolen (*Inputs*) links vom Schreibmechanismus aufgrund einer mathematischen Funktion im nächsten freien Feld ein bestimmtes Symbol (*Output*) einzutragen.

Die Sprengkraft, die in dieser Idee steckt, lässt sich anhand der formalen Logik (des Leitbildes der frühen Kognitionswissenschaft) erläutern. Das Folgern und Deduzieren ist zweifellos eine der wichtigsten Operationen des menschlichen Geistes. Die formale Logik wird gewöhnlich als normative Theorie aufgefasst, die beschreibt und begründet, wie wir logisch korrekt deduzieren *sollten* (vgl. *Grundkurs Philosophie*, Bd. 1, Kap. 2: »Die Idee der Logik«). Betrachten wir als Beispiel den *Modus Ponens* (1.15):

(*) Wenn: <p und: wenn p, dann q>, dann: q
[formalisiert: $(p \wedge (p \supset q)) \supset q$ (mit: $\wedge$ = und, $\supset$ = wenn – dann)]

Dieser logische Schluss wird in der klassischen Logik als normative Vorschrift aufgefasst, die besagt: Wann immer du *p* und *wenn p, dann q* denkst oder behauptest, *solltest* du vernünftigerweise auch *q* denken oder behaupten.

In der Kognitionswissenschaft wird dagegen z. B. der *Modus Ponens* als Anweisung an eine Turingmaschine aufgefasst: »Bei p und $p \supset q$ auf zwei Feldern (Input) rücke einen Schritt nach rechts und generiere dort q (Output)«. Die Transformationsregel (Berechnungsregel) wäre in diesem Fall: »Gehe stets von p und $p \supset q$ zu q über.« Die entsprechende Turingmaschine muss struktursensitiv, d. h. sie muss fähig sein, rein syntaktische Strukturen (1.41) wie *p*,

$q$, $p \wedge q$ oder $p \supset q$ zu erfassen und zu generieren. Wenn die Kognitionswissenschaft logische Operationen zu den Programmen einer Turingmaschine (also dem idealisierten Modell kognitiver Operationen) rechnet, dann vollzieht sie damit eine *empiristische Wende der Geist-Theorie*. Denn sie fasst logische Operationen nicht mehr als normative Vorschriften, sondern als Kennzeichen des tatsächlichen Denkprozesses auf. Diese Überlegungen prägen das funktionalistische Bild vom Geist. Allerdings erfordert die Anwendung des Konzepts einer Turingmaschine, dass die Übergänge von Inputs zu Outputs nicht strikt kausal, sondern mit bestimmten Übergangswahrscheinlichkeiten erfolgen, und dass die Inputs auch Wahrnehmungsdaten und die Outputs auch motorische Reaktionen sein können:

**3.109** *Computertheorie (funktionale Theorie) des Geistes*

(1) Der *funktionale Mechanismus* eines Systems S (2.93) ist die Art und Weise, in der jede Systemkonfiguration von S durch Inputs in S sowie durch frühere Konfigurationen von S kausal bestimmt und abhängig ist. Der Übergang von einem Input zu einem Output aufgrund der Systemkonfiguration heißt auch *Berechnung* (*computation*) und hat die Form eines Algorithmus (1.33).

(2) Ein *probabilistischer Automat* ist eine Turingmaschine, deren funktionaler Mechanismus (i) zu neuen Outputs mit einer gewissen Übergangswahrscheinlichkeit übergeht, (ii) Wahrnehmungsdaten als Inputs sowie motorische Reaktionen als Outputs einbezieht und (iii) eine Instruktion enthält, wie in jedem Einzelfall von bestimmten Inputs zu bestimmten Outputs übergegangen wird.

(3) Der funktionale Mechanismus eines Systems wird durch eine *Aufgaben- oder Maschinenbeschreibung* dargestellt (= Angabe der regelgeleiteten Zustandswechsel der Maschine).
(4) Wenn ein System S einen funktionalen Mechanismus M hat, dann wird M durch S als physikalisches System realisiert.
(5) Ist O ein Organismus, so bedeutet es für O, *einen Geist zu haben*,
   (a) dass O die physikalische (insbesondere physiologische) Realisierung eines funktionalen Mechanismus ist,
   (b) und dass daher O die physikalische Realisierung eines kausalen oder probabilistischen Zusammenhangs ist, der sich durch eine passende Maschinenbeschreibung darstellen lässt.
(6) Aus (1) – (5) folgt, dass der Geist mit der Software eines Computers verglichen werden kann.

Der Geist ist nach der funktionalistischen Theorie des Geistes in physikalischen Systemen (z. B. in Maschinen oder auch in Gehirnen) realisiert. Entscheidend ist dabei, dass *diese Realisierung nicht eindeutig ist.* Thermostaten sind aus unterschiedlichem Material gebaut, in dem daher auch unterschiedliche physikalische Wechselwirkungen vorkommen. Trotzdem realisieren Material und Wechselwirkungen in jedem Fall dieselbe funktionale Eigenschaft, nämlich die Zimmertemperatur regeln zu können. Auch die Software oder das Programm eines Computers lässt sich als eine Menge faktischer Funktionen ansehen, die bestimmen, welche Zustandsänderungen der Computer bei bestimmten Inputs durchläuft. Das Programm oder die Software kann jedoch durch verschiedene Arten von Hardware, z. B. mit Kupfer- oder aber mit Golddrähten, ausgeführt und realisiert werden. In derselben Weise müssen auch natürliche Funktionen (2.97) von Lebewesen durch physikalische oder biologische Eigenschaften der Lebewesen realisiert werden. Doch auch diese Realisierung muss nicht eindeutig sein. Wir müssen die natürlichen Funktionen nur allgemein genug beschreiben, um uns diese Tatsache klarmachen zu können. Die natürliche Funktion, Nahrung aufzunehmen, und sogar die natürliche Funktion, nach Nahrung zu schnappen, wird bei verschiedenen Tieren durch höchst unterschiedliche physikalische und biologische Mechanismen realisiert. Dasselbe gilt beispielsweise auch für die natürliche Funktion von Furcht- oder Panikzuständen, nämlich auf Gefahr überlebensdienlich zu reagieren, etwa durch Kampf, Flucht oder Schockstarre.

**3.110** *Prinzip der vielfachen (multiplen) physikalischen Realisierbarkeit natürlicher Funktionen*

(a) Natürliche Funktionen (2.97) werden in einem System S (2.93) durch physische Zustände von S *realisiert*, wenn die physischen Zustände gerade diejenigen kausalen Rollen in S spielen, durch die die natürlichen Funktionen definiert sind.
(b) Fast alle natürlichen Funktionen sind durch physikalische oder biologische Eigenschaften auf verschiedene Weisen ausführbar und realisierbar.
(c) Es gibt keine umkehrbar eindeutige Abbildung (keine 1–1-Abbildung, d. h. keine umkehrbar eindeutige mathematische Funktion (2.96)(2)) zwischen natürlichen Funktionen und ihren physikalischen Realisierern (d. h. jenen physikalischen Entitäten (2.43), von denen die natürlichen Funktionen instanziiert werden): Zu jeder natürlichen Funktion gibt es verschiedene physikalische Rea-

lisierer, und die meisten physikalischen Zustände können verschiedene natürliche Funktionen realisieren.

Die Computertheorie des Geistes impliziert eine harsche Kritik an der physikalistischen Version der Identitätstheorie, also an der behavioristischen Theorie des Geistes und am Typen-Physikalismus. Denn aus 3.109 und 3.110 folgen offenbar zwei weitere Thesen:

(a) Der Reduktionismus des Behaviorismus (3.106) und des Typen-Physikalismus (3.107) ist falsch, denn es gibt *innere* mentale Zustände, die zugleich wegen ihrer mehrfachen Realisierbarkeit in physikalischen Zuständen nicht typen-identisch mit Arten physikalischer Zustände sein können.

(b) Innere mentale Zustände werden nur über wechselseitige Beziehungen individuiert (»individuieren« ist ein ontologischer Terminus: x wird durch y *individuiert*, wenn y das x zu dem macht, was es ist), denn sie werden vollständig erst im Rahmen der gesamten Maschinenbeschreibung des zugrunde liegenden Gehirns bestimmt. Diesen Zusammenhang nennt man auch den *Holismus* innerer mentaler Zustände (unter dem *Holismus* für einen Gegenstandsbereich G versteht man den Umstand, dass die Elemente von G nur durch ihre wechselseitigen Beziehungen individuiert sind).

Die zweite dieser Konsequenzen droht die Computertheorie des Geistes allerdings in einen theoretischen Zirkel zu führen: Jeder *einzelne* mentale Zustand soll in seiner kausalen Rolle ja erst durch seine Beziehung zu anderen Zuständen bestimmt sein, die aber bereits als mentale Zustände zu gelten haben. Eine Verfeinerung der Position beseitigt dieses Problem. Eine solche Verfeinerung ist unter zwei Voraussetzungen möglich: Die Theorie muss zum einen als endlich axiomatisierte Theorie (1.40) darstellbar sein, und zum andern sind alle deskriptiven Ausdrücke der Theorie einteilbar in Beobachtungsbegriffe, die Beobachtbares beschreiben, und theoretische Begriffe über prinzipiell Nicht-Beobachtbares. Die Originaltheorie mit theoretischen Begriffen T (im folgenden Beispiel die kursiv gesetzten Ausdrücke) wird mittels der Ramsey-Darstellung (vgl. unten 3.111 (2)) in eine Form gebracht, die nur noch beobachtbare Ausdrücke P enthält, über die quantifiziert (1.28) wird. Eine Theorie macht nämlich nur Existenzannahmen (1.28 (3)) über solche Variablen (1.25), die durch einen vor der Formel stehenden Quantor (1.26 (2)) gebunden sind. Alle Axiome werden hintereinander geschrieben und durch »und« verknüpft, so dass der gesamte Gehalt der empirischen Aussagen der Theorie formal in einem einzigen Satz vorliegt.

**3.111** *Kausalitätstheoretischer Funktionalismus*

(1) Jeder mentale Zustand (3.104) Z eines Organismus O ist durch die kausalen Beziehungen von Z zu Inputs, Outputs und anderen mentalen Zuständen von O bestimmt.
(2) Die Ramsey-Darstellung eines Satzes ∀x (... T(x) ...) mit einem nicht-empirischen Prädikator T ist der Satz ∃P ∀x (... P(x) ...). In jeder psychologischen Theorie sind alle Sätze mit mentalen Prädikatoren $M_i$ in ihre Ramsey-Darstellungen hinsichtlich der $M_i$ zu verwandeln.
(3) Die Variablen (1.25) in einer Ramsey-Darstellung einer psychologischen Theorie laufen über physische Zustände.

Ein kleines Beispiel zu dieser Position ist die folgende elementare Schmerztheorie:

(Sch) (Schmerztheorie). Für jedes x gilt:
(a) Wenn x einen Gewebeschaden erleidet und *bei normalem Bewusstsein* ist, hat x Schmerzen.
(b) Wenn x wach ist, ist x *bei normalem Bewusstsein*.
(c) Wenn x Schmerzen hat, windet sich x und stöhnt und wechselt in einen *Zustand des Unbehagens*.
(d) Wenn x in einem *Zustand des Unbehagens* ist, macht x mehr Tippfehler.

In (a)–(d) sind die kursiv geschriebenen Prädikatoren mentale Prädikatoren. Sie beschreiben prinzipiell Unbeobachtbares. Aber zugleich sind alle Prädikatoren in (Sch) auf eine bestimmte Weise miteinander vernetzt. In den einzelnen Theorieaussagen mischen sich Prädikatoren verschiedener Art. Die Ramsey-Darstellung ($Sch_R$) der Theorie (Sch) sieht folgendermaßen aus:

($Sch_R$) Es gibt Zustände $M_1$, $M_2$, so dass für jedes x gilt:
(a)* Wenn x einen Gewebeschaden erleidet und in $M_1$ ist, hat x Schmerzen.
(b)* Wenn x wach ist, ist x in $M_1$.
(c)* Wenn x Schmerzen hat, windet sich x und stöhnt und wechselt in $M_2$.
(d)* Wenn x nicht in $M_1$, aber in $M_2$ ist, macht x mehr Tippfehler.

Die funktionalistische Theorie des Geistes in der Fassung 3.109 greift an keiner Stelle auf mentale Zustände zurück. Die Elemente, die diesem Bild zufolge prozessiert und »berechnet« werden, sind lediglich formale Symbole, zu denen insbesondere auch syntaktische Zeichen gehören können, in denen Wörter und Sätze natürlicher Sprachen symbolisiert werden, die ihrerseits Repräsentationen mit semantischen Gehalten sind. Die besonderen Merkmale propositionaler Gehalte (3.133, 3.135–3.137) scheinen jedoch darauf hinzudeuten, dass es einen *Parallelismus* gibt zwischen den *kausalen* Relationen einerseits, die zwischen mentalen Zuständen (3.103) als physikalisch beschreibbaren Zuständen bestehen, und den *rationalen* Relationen andererseits, die zwischen mentalen Zuständen *als* semantisch gehaltvollen Zuständen bestehen.

Dieser Parallelismus muss *erklärt* werden können. Einem einflussreichen Vorschlag zufolge, der als *Psychosemantik* bezeichnet wird und auf Jerry Fodor zurückgeht, besteht der Lösungstrick in einem Rückgriff auf die *Syntax* (1.41 (1)) der Sprache eines Programms. Die Syntax von Symbolen ist eine der zentralen *Eigenschaften* dieser Symbole und kann zur *kausalen* Wirkung der Symbole wesentlich beitragen; und die *semantischen* Relationen zwischen Symbolen (d. h. diejenigen Relationen, die zwischen Symbolen aufgrund der Bedeutung der Symbole bestehen, wie etwa deduktive Relationen) können, wie wir oben am Beispiel des aussagenlogischen Kalküls gesehen haben, durch ihre syntaktischen Relationen abgebildet werden: »q« folgt semantisch aus »p« genau dann, wenn »q« aus »p« syntaktisch abgeleitet werden kann.

**3.112** *Grundidee der Psychosemantik*

Der *Geist* ist eine Turingmaschine (genauer: ein probabilistischer Automat), die folgende Eigenschaften hat:

(1) Die Operationen der Maschine bestehen ausschließlich aus Transformationen von Symbolen.
(2) In der Ausführung dieser Transformationen ist die Maschine ausschließlich für die Syntax (1.41 (1)) der Symbole sensitiv (d. h. sie reagiert auf Unterschiede im syntaktischen Aufbau der Symbole).
(3) Dabei verändern die Operationen an den Symbo-

len ausschließlich deren Syntax, also ihre äußere Form.

(4) Die Operationen über der Syntax der Symbole sind so konstruiert, dass eine bestimmte syntaktische Transformation zwischen Symbol $S_1$ und Symbol $S_2$ genau dann erfolgt, wenn $S_1$ und $S_2$ in einer bestimmten semantischen Relation zueinander stehen (»innere Sprache«).

Auf diese Weise soll der Parallelismus von Kausalität (2.74 (2), 2.75–2.77) und Rationalität, also von Physischem und Mentalem, modelliert sein. Die semantischen Relationen der Symbole, die im Falle echter Computer durch sprachfähige Programmierer eingeführt werden, müssen im Falle von Gehirn und Geist als *existent* in Geist und Kopf postuliert werden: In unserem Gehirn *gibt es eine Sprache des Denkens (language of thought)*.

Die funktionalistische Theorie des Geistes umreißt die kognitionswissenschaftliche Sicht auf den Geist:

**3.113** *Kognitionswissenschaftliches Bild vom Geist*

(1) Unser Gehirn besteht aus Neuronen und stellt ähnlich wie ein Computer *schnelle Berechnungen* an.
(2) Diese Berechnungen haben die Form von Algorithmen und laufen über Repräsentationen.
(3) Die *Komplexität und Rechenkapazität unseres Gehirns* ist unfassbar groß.
(4) Die *Kognitionswissenschaft (cognitive science*) untersucht die Algorithmen im Gehirn und betrachtet die Ausführung dieser Algorithmen als zentrale Tätigkeit des Geistes.

(5) Der Geist ist einem Computer vergleichbar, genauer der Software eines Computers.
(6) Die Hardware des Geistes ist meist das menschliche Gehirn, könnte aber auch eine technisch hergestellte Hardware sein.

## Varianten des geist-theoretischen Dualismus

Die funktionalistische Theorie des Geistes und die Psychosemantik erlauben es (im Gegensatz zu den Identitätstheorien), nicht nur, von inneren mentalen Zuständen zu reden, sondern auch von mentalen Zuständen, die ihrem Typus nach nicht identisch sind mit physikalischen Zuständen (des Gehirns oder einer anderen Hardware, die den Geist realisieren kann). Damit scheint ein geist-theoretischer Dualismus postuliert zu werden, der allerdings nicht als klassischer Substanz-Dualismus (3.104) gefasst werden soll. Daher wurden andere Vorschläge gemacht, um diese neue Form des geist-theoretischen Dualismus auf den Begriff zu bringen. So geht z. B. der *Token-Physikalismus* davon aus, dass dieselben *einzelnen* Dinge und Ereignisse unterschiedlich beschrieben werden können (insbesondere auch in unterschiedlichen Vokabularen wie in einem intentionalistischen Vokabular oder in einem physikalistischen Vokabular (2.101, 3.107 (2)). Der Token-Physikalismus behauptet daher z. B., dass ein bestimmtes einzelnes Furchterlebnis *auch* als ein bestimmter neuronaler Gehirnzustand beschrieben werden kann und umgekehrt. Auf diese Weise lässt sich ein Substanzdualismus vermeiden:

**3.114** *Token-Physikalismus*

(1) Jedes einzelne Ereignis (Token), das zu einer mentalen Ereignis-Art gehört, gehört auch zu einer physikalischen Ereignis-Art.
(2) Das intentionalistische Vokabular (3.107 (2)) kann nicht in ein synonymes physikalistisches Vokabular (2.101, 3.107 (2)) übersetzt werden.
(3) Nach (1) und (2) sollte die Theorie des Geistes mit einem *Beschreibungsdualismus* (oder *Vokabulardualismus*) verbunden werden.

Donald Davidson hat eine weitere Variante des Beschreibungsdualismus vorgeschlagen:

**3.115** *Donald Davidson über mentale Ereignisse*

(1) Drei Prinzipien sind wahr:
  (i) Einige mentale Ereignisse interagieren kausal mit physikalischen Ereignissen.
  (ii) Kausale Interaktion setzt die Existenz von Naturgesetzen (2.70–2.73) voraus.
  (iii) Das Mentale wird nicht von Naturgesetzen beherrscht (das Mentale ist anomal).
(2) Wenn mentale und physikalische Ereignisse als *individuelle Entitäten* (Token, nicht als Arten von Ereignissen) identisch sind und es weder psychophysische noch psychologische Naturgesetze gibt, dann sind die Prinzipien (i)–(iii) konsistent. Ein Ereignis ist vielmehr dann *mental*, wenn es wesentlich (d. h. auf nicht-reduzierbare Weise) durch mentale Ausdrücke beschrieben werden kann (*Beschreibungsdualismus*).

Der Beschreibungsdualismus scheint allerdings nicht in der Lage zu sein, zu erklären, warum es *angemessen* sein soll (oder vielleicht auch *unangemessen* sein könnte), zwei oder mehr verschiedene Vokabulare für die Beschreibung einer Sache zu verwenden, wenn es an dieser Sache ontologisch *nichts gibt*, was dem Unterschied zwischen verschiedenen Beschreibungen entspricht. Wenn wir eine Sache *angemessen* sowohl in einem physikalistischen als auch in einem intentionalistischen Vokabular beschreiben können sollen, dann sollte diese Sache auch physikalische *und* mentale Aspekte oder Eigenschaften aufweisen. In den modernen Wissenschaften ist es nicht ungewöhnlich, sondern vielmehr verbreitet, dass verschiedene Wissenschaften mit unterschiedlichen Vokabularen arbeiten, die sich auf unterschiedliche Eigenschaften von Dingen oder Sachverhalten beziehen. Das Vokabular der Zellbiologie ist verschieden vom Vokabular der Quantenmechanik, weil Zellen zwar auch aus Quanten bestehen, jedoch zusätzlich auch Eigenschaften besitzen, die sich nicht ohne weiteres quantenmechanisch darstellen lassen. Diese Überlegung legt einen *Eigenschaftsdualismus* nahe, der von einer unaufhebbaren Differenz zwischen physikalischen und mentalen Eigenschaften oder Merkmalen ausgeht. Diese Position wird dadurch gestützt, dass die kognitive Psychologie experimentell nachweisen kann, dass sowohl bewusste Zustände als auch repräsentationale Zustände in unserem kognitiven Apparat tatsächlich implementiert und operativ wirksam sind.

**3.116** *Eigenschaftsdualismus*

(1) Einige Dinge, insbesondere Gehirnzustände, haben physikalische und mentale Eigenschaften (3.103 (4)).
(2) Mentale Eigenschaften sind nicht typen-identisch

(3.107) mit physikalischen Eigenschaften und können daher auch nicht allein durch Rückgriff auf physikalische Eigenschaften definiert werden.

(3) Wenn ein Gehirnzustand eine bestimmte mentale Eigenschaft hat, so gibt es der Korrelationsthese 3.105 zufolge eine bestimmte physikalische Eigenschaft desselben Gehirnzustandes, die mit dieser mentalen Eigenschaft korreliert ist.

Die im Eigenschaftsdualismus postulierte Korrelation zwischen physikalischen und mentalen Eigenschaften derselben Sache ist bisher nicht näher bestimmt. Für diese nähere Bestimmung sind verschiedene Vorschläge gemacht worden, unter anderem unter Rückgriff auf den Begriff der Supervenienz:

**3.117** *Supervenienz*

(1) Seien S und B Mengen von Eigenschaften, dann *supervenieren* S auf B, wenn alle Paare a und b von Gegenständen, die in Hinsicht auf ihre B-Eigenschaften identisch sind, auch in Hinsicht auf ihre S-Eigenschaften identisch sind, d. h. wenn alle Paare a und b von Gegenständen, die in Hinsicht auf ihre S-Eigenschaften verschieden sind, auch in Hinsicht auf ihre B-Eigenschaften verschieden sind.

(2) Die Eigenschaften B heißen *Supervenienzbasis*, die Eigenschaften S heißen *supervenierende Eigenschaften*.

Supervenienz ist nach 3.117 ein einseitig gerichtetes Bestimmungsverhältnis zweier Mengen, die man als untere und obere Ebene anordnen kann. Die Beschaffenheit der

Elemente beider Mengen kann zunächst offen bleiben. Die Beschaffenheit der Basisebene B legt die Beschaffenheit auf der supervenierenden Ebene S fest. Die Zustände auf der oberen Ebene werden einzig und vollständig durch die Zustände auf der unteren Ebene determiniert. Wurden z. B. zwei Messerklingen aus demselben Material und mit derselben Schlifftechnik gearbeitet (Identität der physikalischen Basiseigenschaften), und ist eines der Messer scharf (supervenierende Eigenschaft), muss auch das andere scharf sein. Sind dagegen zwei Messerklingen scharf, können beide aus unterschiedlichen Metallen und mit unterschiedlicher Schliffform (z. B. glatter im Gegensatz zum geriffelten Schliff) gefertigt sein. Aufgrund multipler Realisierbarkeit (3.110) ist die Identität der supervenierenden Eigenschaften mit der Verschiedenheit der Supervenienzbasis verträglich.

Stellen wir uns eine sehr begrenzte Welt von Lebewesen vor, die nur vier Tierarten enthält: (1) Hasen, die alle braun sind, (2) Füchse, die ebenfalls alle braun sind, (3) Panther, die alle schwarz sind, und (4) Eisbären, die alle weiß sind. Dann supervenieren die drei Farbeigenschaften nach 3.117 auf den vier Tierarten, denn es gibt keine Tierart, die verschiedene Farben hat (dass zwei Tierarten dieselbe Farbe haben, verletzt die Supervenienz-Beziehung nicht). In der realen Welt supervenieren beispielsweise die phänomenal erlebbaren Temperatureigenschaften eines Gases auf den Eigenschaften des kinetischen (= auf die Bewegung bezogenen) Zustandes der Gasmoleküle, denn alle Temperaturunterschiede eines Gases beruhen auf Unterschieden im kinematischen Verhalten der Gasmoleküle, d. h. es gibt keine Temperatur des Gases unabhängig von Gasmolekülen und ihrer Kinematik: Die Gastemperatur ist durch den kinematischen Zustand der Gasmoleküle vollständig festgelegt. Die ästhetischen Eigenschaften eines Bildes supervenieren auf seinen physikalischen Eigenschaften, *wenn* gilt: Alle ästhetischen Unterschiede beruhen auf physikalischen Unterschieden des Bildes; es gibt keine reinen ästhetischen Eigenschaften *ohne* physikalische Eigenschaften; und die ästhetischen Eigenschaften sind durch die physikalischen Eigenschaften des Bildes festgelegt (während die zweite dieser drei Bedingungen sicher erfüllt ist, dürfte dies bei den anderen beiden Bedingungen strittig sein, z. B. im Falle einer Rezipientenästhetik, nach der ästhetische Eigenschaften auch von den Rezipienten abhängig sind).

Wir können allerdings genauer eine *schwache Supervenienz* von einer *starken Supervenienz* unterscheiden. Schwache Supervenienz ist schlicht Supervenienz in unserer aktualen Welt; starke Supervenienz ist jedoch *notwendige* Supervenienz, also Supervenienz *in allen möglichen Welten*:

**3.118** *Schwache und starke Supervenienz*

Seien S und B Mengen von Eigenschaften, so dass S auf B supervenieren (im Sinne von 3.117);

(1) Wenn alle Paare a und b von Gegenständen in unserer aktualen Welt, die in Hinsicht auf ihre B-Eigenschaften identisch sind, auch in Hinsicht auf ihre S-Eigenschaften identisch sind, dann *supervenieren* S *schwach* auf B.

(2) Wenn für alle Paare a und b von Gegenständen und alle möglichen Welten W1 und W2 gilt: Wenn a in W1 in Hinsicht auf B-Eigenschaften identisch ist mit b in W2, dann ist a in W1 auch in Hinsicht auf S-Eigenschaften mit b in W2 identisch; dann *supervenieren* S *stark* auf B.

Stellen wir uns beispielsweise eine Welt vor, in der es unter anderem Menschen, Affen und Mäuse gibt. In dieser Welt sind alle Menschen musikalisch und feinfühlig, aber nicht fressgierig, alle Affen feinfühlig, aber weder musikalisch noch fressgierig und alle Mäuse fressgierig, aber weder musikalisch noch feinfühlig. Hier supervenieren die mentalen Eigenschaften Musikalität, Feingefühl und Fressgier auf den biologischen Eigenschaften Mensch, Affe und Maus, denn es gibt dann im Rahmen dieses Beispiels keine zwei Wesen mit derselben biologischen Form, die verschiedene mentale Eigenschaften haben (obgleich es Wesen mit unterschiedlicher biologischer Form gibt, die dieselbe mentale Eigenschaft haben – Menschen und Affen sind ja feinfühlig; doch ist diese Tatsache für Supervenienz irrelevant). Wenn dies nun zwar in dieser einzelnen Welt der Fall ist, wenn es jedoch eine mögliche Welt gibt, in der es etwa auch fressgierige Menschen und feinfühlige Mäuse gibt, dann ist die Supervenienz schwach. Wenn hingegen die biologischen Formen *notwendigerweise* die angeführten mentalen Eigenschaften erzeugen (wenn also z. B. zwei Wesen, die in allen möglichen Welten Affen sind, auch in allen möglichen Welten feinfühlig, aber nicht musikalisch und auch nicht fressgierig sind), z. B. weil die biologischen Eigenschaften aufgrund entsprechender unterschiedlicher limbischer Systeme in den Gehirnen von Menschen, Affen und Mäusen auf naturgesetzliche Weise die angeführten mentalen Eigenschaften hervorbringen, dann läge starke Supervenienz vor.

Wir können dann zur Erläuterung des Verhältnisses von Natur und Geist einen schwachen und einen starken mentalen Physikalismus formulieren (zum Physikalismus allgemein: 2.65 (2), 2.68, 2.69):

**3.119** *Schwacher und starker Physikalismus*

(1) *Schwacher mentaler Physikalismus:* Mentale Eigenschaften supervenieren schwach auf physikalischen Eigenschaften.
(2) *Starker mentaler Physikalismus:* Mentale Eigen-

schaften supervenieren stark auf physikalischen Eigenschaften.

(3) Die grundlegende Variante des starken mentalen Physikalismus ist der *nomologische Physikalismus:* Mentale Eigenschaften sind in physikalischen Eigenschaften naturgesetzlich realisiert, d. h. mentale Eigenschaften gehen aufgrund von Naturgesetzen aus physikalischen Eigenschaften hervor.

Die Temperatur eines Gases (als kausaler Effekt auf die Zustände eines Thermometers) superveniert z. B. nicht nur stark, sondern auch im nomologischen Sinne auf dem kinetischen Zustand der Gasmoleküle, denn dieser kausale Effekt ist nichts anderes als der naturgesetzliche Effekt des kinematischen Zustands der Gasmoleküle auf das Thermometer. Ein anderes Beispiel: Immer wenn eine bestimmte farblose chemische Substanz CS mit einer Base verbunden wird, wird CS violett – und zwar dadurch, dass CS durch Zusatz von Basen in ihren Molekülen eine bestimmte Struktur annimmt (erzeugt durch einen basischen pH-Wert). Dadurch absorbiert CS bestimmte Bereiche des sichtbaren Lichtes. Dass CS also die Farbe Violett annimmt, geht notwendigerweise aus molekularen Strukturen und chemischen Naturgesetzen hervor.

Wenn wir vom Eigenschaftsdualismus ausgehen, ist der Rückgriff auf Begriffe der Supervenienz eine Möglichkeit, das Verhältnis zwischen mentalen und physikalischen Eigenschaften eines geistigen Wesens genauer zu kennzeichnen: Mentale Zustände sind Gehirnzustände mit mentalen Eigenschaften, die über physikalischen Eigenschaften des Gehirns supervenieren. Und mentale Zustände dieser Art scheinen kausal auf die Welt einzuwirken. Wenn wir Durst empfinden, dann scheint dieses Gefühl meist eine der Ursachen dafür zu sein, dass wir etwas trinken. Wenn wir uns wünschen, ein guter Pianist zu werden, dann scheint dieser Wunsch zumindest in einigen Fällen eine der Ursachen dafür zu sein, dass wir oft Klavier üben. Und wenn wir der Meinung sind, dass es in Kürze regnen wird, dann scheint diese Meinung eine der Ursachen dafür zu sein, dass wir für den anstehenden Spaziergang Regenzeug anziehen.

Diese *mentale Verursachung* erweist sich aber bei genauerer Betrachtung als rätselhaft. Denn zum einen scheint das Reich des Physischen kausal geschlossen zu sein, d. h. nomologische Erklärungen (2.88–2.91) brauchen den Bereich physikalischer Phänomene nicht zu verlassen. Das bedeutet auch, dass es für jedes Ereignis, und daher insbesondere auch für jedes Verhalten, hinreichende physische Ursachen (2.74–2.77) gibt. Wenn daher physische und mentale Eigenschaften nicht typen-identisch sind, scheint für die mentalen Eigenschaften keine kausale Rolle übrigzubleiben – die kausalen Kräfte mentaler Eigenschaften scheinen »wegzutrocknen«. Zum anderen setzt nach heutigem Wissensstand jede Verursachung einen Energie-Austausch voraus. Aber welche Art von Energie soll von mentalen Eigenschaften ausgehen? Diese Frage ist schwer zu beantworten. Solange das Problem der mentalen Verursachung nicht gelöst ist, legt der Eigenschaftsdualismus einen *Epiphänomenalismus des Mentalen* nahe, der besagt, dass das Mentale zwar in physikalischen und biologischen Eigenschaften verankert ist, aber seinerseits keinerlei eigene kausale Kräfte besitzt.

3.120 *Epiphänomenalismus der mentalen Eigenschaften*

Wenn eine Eigenschaft B des Gehirns oder Organismus K nomologisch oder strukturell realisiert ist in physikalischen oder biologischen Eigenschaften $A_i$ von K, dann besteht jede kausale Wirkung des Zustandes B(K) auf andere physikalische Zustände lediglich in der kausalen Wirkung mindestens eines dieser Zustände $A_i(K)$ auf diese physikalischen Zustände.

Gegenwärtig zeichnet sich eine Strategie ab, die über den Epiphänomenalismus der mentalen Eigenschaften hinausführt. Diese Strategie ist zu komplex, als dass sie an dieser Stelle genauer dargestellt werden könnte. Grob formuliert, besteht sie darin, die Verbindung zwischen den mentalen und physikalischen Eigenschaften von Gehirnzuständen als ontologisch so eng zu erweisen, dass es unmöglich wird, die kausalen Kräfte der mentalen und korrespondierenden physikalischen Eigenschaften klar voneinander zu trennen, wie es der Epiphänomenalismus der mentalen Eigenschaften voraussetzt. Das allgemeine Bild ist, dass mentale Zustände als ontologische Einheiten mit korrespondierenden physikalischen Eigenschaften kausale Wirksamkeit entfalten können. Dieses Bild wird unter anderem durch einen neuen Ansatz in der Theorie des Geistes gestützt, der von einer engen Zusammenarbeit von Körper und Geist ausgeht – einer Zusammenarbeit, die so eng ist, dass man von einer *verkörperlichten Kognition* (*embodied cognition*) spricht.

## Theorie der verkörperlichten Kognition

Unser geistiges Vermögen, also unsere *Kognition*, kann auf vielfältige Weise von der Welt der körperlichen und physischen Dinge abhängen. Wenn es dunkel ist, können wir nicht gut sehen. Menschen, die in der Arktis leben, können im Gegensatz zu Südeuropäern mehr Arten von Schnee unterscheiden. Wenn wir müde sind, können wir schwierige Texte nicht so gut verstehen wie in einem ausgeruhten körperlichen Zustand. Und wenn ein Kind in einem musikalischen Elternhaus aufwächst, entwickelt es oft Interesse an Musik und mentale Disziplin in der Übung an musikalischen Instrumenten. In einer ganz anderen Weise wird unsere Kognition von Artefakten (meist positiv) beeinflusst, die gleichsam einen verlängerten physischen Arm unserer kognitiven Aktivität darstellen – z. B. von Taschenrechnern, Kalendern und Computern. Einige Menschen, die unter einer beginnenden Alzheimer-Krankheit leiden, benutzen neuerdings speziell programmierte Computer, die das schwindende Gedächtnisvermögen zum Teil ausgleichen. Diese beiden Formen der Zusammenarbeit von Geist und Körpern hat man *situierte Kognition* genannt:

**3.121** *Situierte Kognition und Theorie der verkörperlichten Kognition* (TKK)

(1) Die *situierte Kognition* (*situated cognition*) besteht in einer Abhängigkeit der kognitiven Prozesse einer Person P von der jeweiligen Situation, in der sich P befindet. Die beiden wichtigsten Varianten der situierten Kognition sind die eingebettete und die extendierte Kognition.

(2) Die *eingebettete Kognition* (*embedded cognition*) besteht in einer Abhängigkeit der kognitiven Prozesse einer Person P von der jeweiligen natürlichen, sozialen und kulturellen Umgebung, in der sich P befindet.

(3) Die *extendierte Kognition* (*extended cognition*) besteht in einer Abhängigkeit der kognitiven Prozesse einer Person P von dem Gebrauch kognitiv relevanter Instrumente außerhalb des Körpers von P.

(4) Die *Theorie der verkörperlichten Kognition* untersucht die engen Verbindungen zwischen kör-

perlicher Befindlichkeit und kognitiven Fähigkeiten, insbesondere die extracraniell (d. h. außerhalb des Gehirns) und intracraniell (d. h. innerhalb des Gehirns) verkörperlichten kognitiven Fähigkeiten (vgl. 3.122 und 3.123).

Wenn wir aufgrund irgendeiner Augenschwäche Probleme beim Lesen haben, die zu Kopfschmerzen führen, dann empfinden wir den Text oft als schwierig, ermüdend oder langweilig. Wir halten dann das Buch näher an die Augen oder kneifen die Augen zusammen. Daraufhin betrachten wir den Text oft als verständlich und anregend. Wenn wir die Welt um uns herum mittels unseres visuellen Systems betrachten, so sehen wir die Dinge in unserer Nähe niemals vollständig, sondern stets in einer bestimmten Perspektive. Unser Körper führt das Sehen aus und operiert zugleich an einer bestimmten Stelle seiner Umwelt. Daher beeinflusst die Stellung des Körpers in seiner Umwelt den semantischen Gehalt seiner visuellen Wahrnehmungen. Seinem semantischen Gehalt nach ist das Sehen stets perspektivisch. Ganz allgemein beeinflusst unsere Körperhaltung die kognitive Aufmerksamkeit: Eine gerade Haltung mit muskulärer Spannung erhöht den Aufmerksamkeitsfokus und damit kognitive Leistungen. Darüber hinaus führt eine Beeinträchtigung der Mobilität (durch Krankheit, Schäden etc.) zu einer Einschränkung der Wahrnehmung der Eigenkörpergrenzen (dazu scheint auch der Fall zu gehören, dass die Einnahme von Drogen die Wahrnehmung verändern kann), aber auch zur Veränderung der Wahrnehmung der Umgebung (ein stationäres Subjekt in dunkler Umgebung nimmt z. B. aufgrund von Veränderungen in der Kopfhaltung eine höhere Position des visuellen Objekts wahr). Eine verlangsamte, retardierte Entwicklung der körperlichen Aktionen bewirkt auch Probleme in der Wahrnehmung (z. B. das Auslassen des Krabbelns in der frühkindlichen Entwicklung beeinträchtigt die Raumwahrnehmung). Viele Menschen haben die Erfahrung gemacht, dass körperliches Training (Fitnesstraining, Tanzen etc.) zu einer positiven affektiven Einstellung gegenüber dem eigenen Körper und zu mehr Selbstbewusstsein führt. Und schließlich: je reibungsloser die körperlichen Aktionen funktionieren, desto mehr kann die bewusste Aufmerksamkeit weg vom eigenen Körper nach außen gewendet werden.

All diese empirisch gesicherten Phänomene sind Beispiele für ein enges Zusammenwirken von *eigenem* Körper und kognitivem Vermögen und insbesondere auch für einen Einfluss *eigener* körperlicher Befindlichkeit auf unser kognitives Vermögen. Diese Phänomene werden von der *Theorie der verkörperlichten Kognition* (kurz TKK im folgenden) untersucht, die den Anspruch erhebt, gegenüber der kognitionswissenschaftlichen und philosophischen Theorie des Geistes ein neues Paradigma für das Studium des Geistes zu präsentieren. Die bisher angeführten Beispiele einer *verkörperlichten Kognition* beziehen sich *nicht auf das Gehirn*, sondern *auf den lebenden Körper abgesehen vom Gehirn* (den *extracraniellen* Körper). Diese Beispiele dienen daher für die TKK als Belege für die These, dass nicht Gehirne, sondern lebende Körper die Träger kognitiver Fähigkeiten sind. Körperliche extracranielle Prozesse, die unsere Repräsentationen und Bewegungen bis hin zum Abschluss einer Handlung unbewusst formieren, werden von der TKK als Bestandteile des *Körperschemas* (*body schema*) angesehen. Das Körperschema besteht meist aus komplexen Motorprogrammen, formiert sich automatisch und resultiert oft in einer bestimmten körperlichen Haltung. Ein Beispiel ist die komplexe, durch das unbewusste Körperschema gesteuerte Formierung einer Handhaltung, die im Ergreifen eines Buches im Regal endet. Die kleinste Änderung einer Bewegung zieht umfassende Veränderungen im gesamten Körperschema nach sich.

**3.122** *Extracraniell verköperlichte Kognition und Körperschema*

(1) Die Menge der extracraniellen motorischen (= auf Bewegung beruhenden) Prozesse und Gewohnheiten, die sich außerhalb des Gehirns abspielen und unsere Repräsentationen unterhalb der bewussten Ebene formieren, wird *Körperschema* (*body schema*) genannt.
(2) Ein *kognitiver Zustand* ist dann *physiologisch verkörperlicht*, wenn die Realisierung des kognitiven Zustandes durch ein zum kognitiven Zustand passendes Körperschema unterstützt wird.
(3) Ein *kognitives Vermögen* heißt dann *extracraniell verkörperlicht*, wenn es physiologisch verkörperlichte kognitive Zustände produziert.

Lebende Körper (Organismen) sind natürliche und insbesondere lebende Systeme (2.93, 2.95). Solche Systeme sind Mengen von materiellen Teilen, die eine Innen-Außen-Grenze und höhere Komplexität gegenüber ihrer Umwelt aufweisen, mit der Umwelt kausal interagieren, ihr Verhalten unter anderem auch durch innere Zustände bestimmen, einen Normalzustand haben (mit gewissen Toleranzgrenzen, jenseits derer sie zusammenbrechen), einen Ausgleichsmechanismus für Abweichungen vom Normalzustand enthalten und sich unter evolutionären Bedingungen reproduzieren.

Diese Organisationsform lebender Organismen wird von der TKK als basale Autonomie angesehen – als Fähigkeit, ihr Überleben und ihre Reproduktion durch einen Energiefluss zu organisieren, der seinerseits eine Kontrolle, Regulation und Modifikation der Interaktion mit der Umwelt sowie der internen Selbstkonstruktionsprozesse involviert. Lebende Organismen sind stets intim mit der

Struktur ihrer Umwelt verschränkt. D. h., die Struktur der Umwelt prägt die Struktur der Organismen, aber die Struktur der Organismen prägt ihrerseits auch die möglichen und ausgeschlossenen Interaktionen der Organismen mit der Umwelt. Die TKK betont daher, dass lebende Organismen auf eine intimere Weise in der Welt sind als z. B. Wasser in einem Glas ist. Die grundlegenden kognitiven Fähigkeiten, die alle lebenden Organismen aufweisen, sind in dieses In-der-Welt-Sein eingebunden.

Die elementarste Form des In-der-Welt-Seins ist der Wahrnehmungs-Handlungs-Kreislauf (3.103 (4)), dessen kognitive Komponente die Pushmi-Pullyu-Repräsentationen (3.103 (3)) sind. Diese Repräsentationen sind mit einer impliziten *Kinästhesie* (dem Gewahren der Eigenkörper-Bewegung) verknüpft und haben einen *intracraniellen Status*, d. h. sie sind mit aktiven Gehirnzuständen korreliert. Die Menge dieser Repräsentationen wird *Körperbild* genannt. Das Körperbild kann auch eine bewusste repräsentationale Kontrolle der Bewegungen des eigenen Körpers involvieren. Das bewusste Repräsentieren der Bewegungen des eigenen Körpers reicht von einem marginalen Gewahren bis zur fokussierten Aufmerksamkeit, enthält jedoch im Gegensatz zum Körperschema immer eine Vorstellung vom Selbst und seiner Differenz zur Umwelt.

### 3.123 *Intracraniell verköperlichte Kognition und Körperbild*

(1) Die *Motor-Kognition (sensumotorische Kognition)* ist die Menge jener mentalen Prozesse, die am Wahrnehmungs-Handlungs-Kreislauf beteiligt sind (sinnliche Repräsentation, emotionale Evaluation, funktionales Auslösen der motorischen Reaktion, Kinästhesie, mentale Feed-back-Prozesse, aber auch Planung, Vorbereitung und

Produktion unserer eigenen Handlungen sowie die Antizipation, Voraussage und Interpretation der Handlungen anderer Personen).

(2) Die Menge derjenigen Repräsentationen der Motor-Kognition, zu deren semantischem Gehalt Bewegungen gehören (insbesondere auch die Kinästhesie) wird *Körperbild (body image)* genannt.

(3) Ein kognitiver Zustand ist dann *phänomenal verkörperlicht*, wenn er zum Körperbild gehört.

(4) Ein *kognitives Vermögen* heißt dann *intracraniell verkörperlicht*, wenn es phänomenal verkörperlichte kognitive Zustände produziert.

Die Motor-Kognition ist der TKK zufolge die grundlegendste Form unserer geistigen Vermögen, denn sie stellt unsere direkte kognitive Verbindung zur externen Welt dar. Die Motor-Kognition kontrolliert den Wahrnehmungs-Bewegungs-Kreislauf und wird daher auch *sensumotorische Kognition* genannt. Wie alle mentalen Zustände und Prozesse werden auch die Elemente der Motor-Kognition durch Aktivitäten bestimmter Gehirnregionen gestützt. So kontrollieren die Neuronen in der Region M1 (*primary motor cortex*) feine Bewegungen und senden Botschaften aus dem Gehirn direkt an die Muskeln (*Prozessieren von spezifischen Bewegungen).* Die Neuronen in der Region PM (*premotor cortex*) sind am Erstellen von Programmen für Handlungsfolgen beteiligt und senden Botschaften an Region M1 (*Prozessieren von weniger spezifizierten Bewegungsfolgen*). Und die Neuronen in Region SMA (*supplementary motor cortex*) unterstützen das Erstellen und Ausführen von Handlungsplänen.

Die Untersuchung der neuronalen Grundlagen verschiedener Aspekte der Motor-Kognition hat zu einer überraschenden – und auf den ersten Blick weitreichenden – Entdeckung geführt. Die TKK beschreibt diese Entdeckung in

Begriffen der neuronalen Repräsentation. Wenn ein (aktiver) Gehirnzustand A (also feuernde Neuronen in der Gehirnregion A) die kognitive Aktivität K hervorruft, dann spricht die TKK von einer *neuronalen Repräsentation* von K durch A. Dieser Repräsentationsbegriff darf nicht mit dem Repräsentationsbegriff verwechselt werden, der in der Philosophie des Geistes üblich ist (vgl. 3.103, (2)–(3)). Denn neuronale Repräsentationen können – im Gegensatz zu Repräsentationen im Sinne der Philosophie des Geistes – in rein kausalen Begriffen beschrieben werden.

Wenn zwei Prozesse oder kognitive Aktivitäten K und K* neuronale Repräsentationen der Gehirnzustände A und B sind *und* A und B nahezu oder völlig identisch sind, dann spricht die TKK von einer *geteilten neuronalen Repräsentation* von K und K* durch A = B. Man hat nun herausgefunden, dass viele Paare von Prozessen teils motorischer, teils mentaler Art auf geteilten neuronalen Repräsentationen beruhen, d. h. von (fast) denselben neuronalen Aktivitäten hervorgerufen werden. Dazu gehören auch höhere (also komplexere) mentale Prozesse wie geistige Imaginationen, Simulationen und die soziale Kognition (d. h. das Erkennen mentaler Zustände anderer Personen, also das sogenannte Gedankenlesen (*mind-reading*)). Die Imagination von X und die Wahrnehmung von X unterscheiden sich dadurch, dass die motorische Reaktion auf die Wahrnehmung von X im Falle einer Imagination von X unterdrückt wird. Die Imagination von X ist eine Simulation der Wahrnehmung von X, insofern die Wahrnehmung von X der Imagination von X prinzipiell zugrunde liegt und beide kognitiven Aktivitäten denselben semantischen Gehalt haben, d. h. dasselbe X repräsentieren (im Sinne der Philosophie des Geistes). Diese neurobiologischen Befunde haben unter den Vertretern der TKK zu dem Eindruck geführt, dass die sensumotorische Kognition die Grundlage höherer Kognitionen und damit die Basis aller anderen geistigen Vermögen ist:

**3.124** *Geist und geteilte neuronale Repräsentationen*

(1) *Neuronale Repräsentation:*
  (a) Wenn ein (aktiver) Gehirnzustand A den Prozess oder die kognitive Aktivität K hervorruft, dann ist K eine *neuronale Repräsentation* von A.
  (b) Wenn zwei Prozesse oder kognitive Aktivitäten K und K* neuronale Repräsentationen der aktiven Gehirnzustände A und B sind *und* A und B nahezu oder völlig identisch sind, dann weisen K und K* eine *geteilte neuronale Repräsentation* auf.

(2) Die folgenden Prozesse bzw. kognitiven Aktivitäten weisen geteilte neuronale Repräsentationen auf:
  (a) Bewegungen einer Person P / P's Wahrnehmung der Bewegung anderer Personen.
  (b) P's Wahrnehmungen eigener Bewegungen / P's Wahrnehmung der Bewegung anderer Personen.
  (c) P's Wahrnehmung von X / P's Imagination (mentale Simulation) von X.
  (d) P's mentale Handlungsabsichten / P's Verstehen der Handlungsabsichten anderer Personen.
  (e) P's Emotionen / P's Verstehen (mentale Simulation) der Emotionen anderer Personen.
  (f) P's Imagination (mentale Simulation) der eigenen Handlungen und Handlungsabsichten / P's Verstehen (mentale Simulation) der Handlungen und Handlungsabsichten anderer Personen.
  (g) Die Neuronen, die eine gemeinsame neuronale Grundlage für die in (a)–(f) genannten

Prozesse bilden, heißen *Spiegelneuronen* (besser: *Simulationsneuronen*).

(3) Die in (2) aufgeführten empirischen Befunde begründen die These, dass die sensumotorische Kognition die Grundlage für höhere Arten von Kognition bildet.

Führende Vertreter der TKK haben behauptet, dass die TKK die kognitionswissenschaftliche These falsifiziert, dass alle mentalen Aktivitäten durch algorithmische Berechnungen im Gehirn gesteuert werden. Außerdem sind die Anhänger der TKK der Meinung, dass die TKK die klassische Unterscheidung zwischen Körper und Geist, also zwischen der physischen und mentalen Ebene, aufhebt.

Bei genauerem Zusehen lässt sich keine dieser Behauptungen halten. Wie auch immer kognitive Prozesse körperlich eingebettet sein mögen, sie beruhen, wie die TKK selbst betont, auf sensumotorischer Kognition und insbesondere auf Wahrnehmungen im Online-Status, und diese Wahrnehmungen involvieren stets algorithmische Berechnungen. Diese Berechnungen sind sogar ein Herzstück jener Prozesse, die zu komplexen Wahrnehmungen führen (vgl. 4.186). Daraus folgt, dass das kognitionswissenschaftliche Bild – soweit jedenfalls bis jetzt absehbar ist – ein Herzstück der Theorie der Kognition bleiben muss und allenfalls die Art und den Status der Inputs, die den Berechnungen zugrunde liegen, differenzierter beschreiben sollte. Ferner sieht sich die TKK gezwungen, zwischen Körperschema und Körperbild, also zwischen extracraniell und intracraniell verköperlichter Kognition zu unterscheiden. Diese Unterscheidung setzt jedoch die Unterscheidung zwischen physischer und mentaler Ebene voraus. Das gilt auch für die detaillierten Untersuchungen zur sensumotorischen Kognition, in denen unter anderem deutlich zwischen (physischen) Bewegungen und (mentalen) Wahrnehmungen, Imaginationen und Simulationen unterschieden wird. Im Übrigen bleibt die These zur fundierenden Rolle der sensumotorischen Kognition (3.124 (3)) bislang umstritten. In einigen psychologischen und neurophysiologischen Forschungen wird beispielsweise betont, dass es auch mentale Simulationen ohne Aktivierung der Motor-Kognition gibt. Ein elementares Beispiel ist die mentale Rotation von dreidimensionalen geometrischen Körpern. Aber auch komplexere Formen von Empathie und Gedankenlesen (*mindreading*), die auf eine ganze Theorie über den geistigen Haushalt anderer Menschen oder auf raffinierte und komplexe Textinterpretationen zielen, wären hier zu nennen. Ferner ist alles andere als klar, ob die TKK höhere kognitive Fähigkeiten wie etwa das logische oder mathematische Folgern integrieren kann.

**3.125** *Ansprüche der Theorie der verkörperlichten Kognition*

Die TKK behauptet, dass ihre empirischen Forschungen zeigen:

(1) Die sensumotorische Kognition ist die Grundlage aller höheren Kognitionen.
(2) Die menschliche Kognition beruht zu einem erheblichen Teil nicht auf algorithmischen Prozessen der Neuronen im Gehirn (wie die Kognitionswissenschaft annimmt).
(3) Die scharfe Unterscheidung zwischen der physischen und mentalen Ebene (wie sie meist von der Philosophie des Geistes angenommen wird), ist unhaltbar.

Diese Thesen bleiben umstritten und problematisch, weil es empirische Evidenz und plausible Gründe gegen alle drei Thesen gibt.

Überblickt man die drei gegenwärtigen Paradigmen der Theorie des Geistes (das kognitionswissenschaftliche und philosophische Paradigma sowie die Theorie der verkörperlichten Kognition), so fällt auf, dass die Kognitionswissenschaft und die Theorie der verkörperlichten Kognition die Ebene des Bewusstseins übergehen und den Begriff der Repräsentation nicht erklären, sondern als unerläuterten Grundbegriff benutzen. Daraus lässt sich eine wichtige Rolle und Aufgabe ableiten, die nach wie vor der Philosophie des Geistes zufällt und von ihr auch stets ernsthaft wahrgenommen worden ist:

**3.126** *Kognitionswissenschaft, Theorie der verkörperlichten Kognition und Philosophie des Geistes*

(1) Kognitionswissenschaft und Theorie der verkörperlichten Kognition vernachlässigen die Phänomene des Bewusstseins und verwenden einen nicht erläuterten Repräsentationsbegriff in den Prämissen ihrer Erklärungen.

(2) Aufgabe der Philosophie des Geistes im Rahmen der interdisziplinären Theorie des Geistes ist und bleibt es, die Phänomene der Funktionalität, vor allem aber der Repräsentationalität und des Bewusstseins als elementare Merkmale des Geistes (3.103) hervorzuheben und als Explananda der Theorie des Geistes zu behandeln, d. h. diese Merkmale theoretisch zu erläutern und zu erklären.

(3) Insofern stellt die Philosophie des Geistes eine notwendige Ergänzung der Kognitionswissenschaft und Theorie der verkörperlichten Kognition dar.

Auf welche Weise die Philosophie des Geistes die in 3.126 formulierte Aufgabe zu lösen versucht, wird in den nächsten beiden Kapiteln umrissen.

# 8. Repräsentationstheorie

## Die Idee der Repräsentation

Eine wichtige Eigenschaft und Funktion geistiger Zustände ist, dass diese Zustände andere Zustände *repräsentieren*. In der Semiotik (= Theorie der Zeichen) wird die Idee der Repräsentation so formuliert, dass ein Zustand A einen anderen Zustand B repräsentiert, wenn A für B steht. Und dass A für B steht, wird dadurch erläutert, dass A ein *natürliches Zeichen* für B ist.

Bärenspuren im Schnee sind beispielsweise natürliche Zeichen dafür, dass Bären über den Schnee gelaufen sind, denn Bären, und nur Bären, produzieren naturgesetzlich Bärenspuren im Schnee. Eine alternative Beschreibung dieses Zusammenhanges lautet, dass die bedingte Wahrscheinlichkeit, dass Bären über den Schnee gelaufen sind, falls Bärenspuren im Schnee sind, gleich 1 ist. An dieser Stelle wird gewöhnlich ein einfacher Informationsbegriff eingeführt. Man sagt, dass die Bärenspuren im Schnee *die Information* tragen, dass Bären über den Schnee gelaufen sind. Allerdings ist der Gehalt dieser Information nicht eindeutig, denn die Bärenspuren im Schnee tragen z. B. auch die Information, dass irgendwelche Tiere über den Schnee gelaufen sind. Und dass Bären über den Schnee gelaufen sind, trägt in diesem Fall natürlich selbst wiederum die Information, dass irgendwelche Tiere über den Schnee gelaufen sind. Der Gehalt der Information ist daher eher die spezifischste Information, die mit dem Zeichen oder Signal verbunden ist. Und wenn bestimmte Typen von externen Situationen, und nur diese Typen von Situationen, in den Gehirnen bestimmter Lebewesen stets bestimmte neuronale Aktivitätsmuster erzeugen, dann sind diese neuronalen Aktivitätsmuster natürliche Zeichen für die entsprechenden Typen von externen Situationen. Sie tragen die

Information, dass es eine Situation dieses Typs gibt oder gegeben hat, sie stehen für, und *repräsentieren* in diesem Sinne, diese Situationstypen, wie es scheint. Wenn beispielsweise die Tatsache, dass dort eine Maus sitzt – und nur dieser Umstand – in Katzengehirnen regelmäßig ein bestimmtes neuronales Aktivitätsmuster hervorruft, dann ist dieses spezifische Aktivitätsmuster ein natürliches Zeichen für den Umstand, dass dort eine Maus sitzt.

Aber dieser Begriff von natürlichen Zeichen, Repräsentation und Informationen erlaubt uns nicht zu sagen, dass es Bedingungen gibt, unter denen ein natürliches Zeichen oder Information eine Fehlinformation enthält oder eine Fehlrepräsentation darstellt. Was immer Repräsentationen genauer sein mögen, sie können jedenfalls, wie wir bereits festgestellt haben (3.103 (2)), korrekt oder nicht korrekt sein. Natürliche Zeichen und Repräsentationen im semiotischen Sinn können dagegen nicht inkorrekt oder falsch sein. Darüber hinaus enthalten natürliche Zeichen offenbar nicht notwendigerweise eine Information *für* ein sensitives Wesen, obgleich sensitive Wesen natürliche Zeichen *als* Information *für sich* ausnutzen können:

**3.127** *Natürliche Zeichen, Repräsentation und Informationen*

(1) Wenn Tatsache T naturgesetzlich (d. h. vermittels Naturgesetzen, 2.70–2.73) Z produziert, und wenn Z durch nichts anderes als durch T naturgesetzlich produziert wird, dann ist Z ein *natürliches Zeichen* dafür, dass T der Fall ist.

(2) Wenn das natürliche Zeichen Z anzeigt, dass T der Fall ist, dann ist T die *natürliche Bedeutung* von Z.

(3) Wenn $p(T|Z) = 1$ ist, dann trägt Z die *Information*, dass T der Fall ist. Z trägt die *spezifischste In-*

*formation*, dass T der Fall ist, falls Z die Information trägt, dass T der Fall ist, und wenn es kein T* gibt, so dass Z die Information trägt, dass T* der Fall ist, und T* die Information trägt, dass T der Fall ist.

(4) Wenn Z die spezifischste Information trägt, dass T der Fall ist, dann ist T der *natürliche Gehalt* der Information, die von Z getragen wird.

(5) Z *repräsentiert* T *im semiotischen Sinne* genau dann, wenn T die natürliche Bedeutung von Z oder der natürliche Gehalt der von Z getragenen Information ist.

(6) Dieser Repräsentationsbegriff erlaubt es nicht zu formulieren, was eine Fehlrepräsentation (eine inkorrekte Repräsentation) ist.

Der letzte Punkt (6) aus 3.127 ist ein entscheidendes Defizit des semiotischen Repräsentationsbegriffes, der nur mit Hilfe natürlicher Zeichen oder mit Hilfe des wahrscheinlichkeitstheoretischen Informationsbegriffes in (3) definiert wird. Ein reicherer und interessanterer *geist-theoretischer Repräsentationsbegriff* lässt sich anhand einiger Beispiele von Repräsentationen erläutern, die etwas auch dann repräsentieren, wenn sie als Repräsentationen unangemessen sind.

Grundsätzlich müssen wir zwischen *nicht-sprachlichen* und *sprachlichen Repräsentationen* unterscheiden. Wahrnehmungen und Gefühle von Tieren, die keine natürliche Sprache sprechen, sind häufig Repräsentationen unterhalb der Sprachfähigkeit. Ein Hund kann sein Frauchen sehen oder verbrannten Toast riechen oder vor einer fauchenden Katze Angst haben. Diese Wahrnehmungen repräsentieren auf nicht-sprachliche Weise das Frauchen, den verbrannten Toast und die fauchende Katze. Derartige nicht-sprachliche Repräsentationen kommen auch bei Menschen vor.

Unter bestimmten Bedingungen kommt es auf dieser nicht-sprachlichen Ebene auch zu Sinnestäuschungen, Illusionen oder Halluzinationen (3.128 (4)). Frösche schnappen manchmal nach kleinen schwarzen Partikeln, die keine Fliegen sind, weil diese Frösche die schwarzen Partikel fälschlich für Fliegen halten; ein ins Wasser getauchter Stock kommt uns geknickt vor, obgleich er gerade ist; oder wir sehen eine Fata Morgana. Diese mentalen Zustände möchten wir weiterhin als Repräsentationen ansehen können, jedoch als Repräsentationen, die etwas repräsentieren, was sie nicht repräsentieren *sollen*.

Wenn Franziska den Wunsch und die Überzeugung hat, *dass sie im Jahre 2009 Abitur machen wird*, dann sind ihr Wunsch und ihre Überzeugung sprachliche Repräsentationen, denn Franziska selbst drückt ihren Wunsch und ihre Überzeugung sprachlich aus, etwa im Deutschen oder im Englischen. Ihr Wunsch und ihre Überzeugung repräsentieren denselben Umstand – eben *dass sie im Jahre 2009 Abitur machen wird*. Aber Franziskas Wunsch und Überzeugung repräsentieren, so möchten wir sagen, diesen Umstand unabhängig davon, ob Franziska tatsächlich im Jahre 2009 Abitur machen wird oder nicht. Andernfalls könnten falsche Überzeugungen nichts repräsentieren, und wir könnten sie nicht verstehen. Wenn Petra zu Thorsten sagt: »Ich werde immer bei Dir bleiben«, dann repräsentiert dieser Satz den Sachverhalt, dass Petra immer bei Thorsten bleiben wird, und zwar sowohl dann, wenn Petra tatsächlich immer bei Thorsten bleibt, als auch dann, wenn sie ihn binnen zweier Wochen verlässt.

Unabhängig davon also, ob es sich um nicht-sprachliche oder sprachliche Repräsentationen handelt, in jedem Fall sollten wir nicht einfach Repräsentationen von Fehlrepräsentationen unterscheiden, sondern einen übergeordneten Begriff von Repräsentation ins Auge fassen, der die beiden Fälle von korrekten (wahren) und inkorrekten (falschen) Repräsentationen unter sich subsumiert. Eine der Möglichkeiten, diese Überlegung etwas genauer zu formulieren, ist ein Rückgriff auf den *Begriff des Gehaltes.* Dieser Begriff wird uns noch intensiv beschäftigen. Vorerst können wir sagen, dass Gehalte das sind, was korrekte und inkorrekte Repräsentationen teilen. Anders formuliert: Dass eine Repräsentation einen Gehalt hat, heißt im Kern, dass sie korrekt-oder-inkorrekt ist. Dies gilt sowohl für nichtsprachliche als auch für sprachliche Repräsentationen. Auf dieser Grundlage können wir im Vergleich zu 3.127 auch einen reicheren und anspruchsvolleren Begriff von Information einführen. Der entscheidende Gedanke ist dabei, dass das Verfügen über – und Tragen von – Information mit korrekten Repräsentationen korreliert ist:

**3.128** *Gehalt und Repräsentation im geist-theoretischen Sinn*

(1) Wenn R eine *Repräsentation* von X *im geist-theoretischen Sinn* ist, so weist R in Hinsicht auf X Korrektheitsbedingungen auf (3.103 (2)), und X heißt der *semantische Gehalt* von R.
(2) Repräsentationen können *nicht-sprachlich* oder *sprachlich* sein, je nachdem, ob die repräsentierenden Wesen ihre Repräsentationen mit sprachlichen Mitteln beschreiben können und gelegentlich auch tatsächlich beschreiben oder nicht.
(3) Wenn R eine Repräsentation mit dem *semantischen* Gehalt X ist und das Auftreten von R mit dem Vorkommen der Tatsache X korreliert ist, dann ist R eine *korrekte Repräsentation.*
(4) Wenn R eine Repräsentation mit dem *semantischen* Gehalt X ist und das Auftreten von R *nicht* mit dem Vorkommen der Tatsache X korreliert ist (d. h. im Wesentlichen, wenn R mit *keiner* besonderen Tatsache (Halluzination) oder mit einer

*anderen* Tatsache als X (Illusion) korreliert ist (4.183 (3)–(4)), dann ist R eine *inkorrekte Repräsentation*).

(5) Wenn X der *semantische* Gehalt einer *korrekten* Repräsentation R ist, dann *verfügt* das Wesen, in dem R vorkommt, *über die repräsentationale Information, dass X der Fall ist.* Bei einer *inkorrekten* Repräsentation liegt eine repräsentationale Fehlinformation vor.

Auf diese Weise lässt sich ein geist-theoretischer Repräsentationsbegriff umreißen, der reicher und angemessener ist als der semiotische Repräsentationsbegriff (3.127 (5)). Von jetzt an gehen wir daher, wenn von Repräsentationen die Rede ist, stets vom geist-theoretischen Repräsentationsbegriff aus. Allerdings haben wir bisher Repräsentationen als *mentale* Zustände (3.103) und Repräsentationalität als Eigenschaft *mentaler* Zustände behandelt. Es gibt aber auch bestimmte *Zeichen,* die etwas repräsentieren und daher repräsentational sind. Dabei handelt es sich z. B. um Körperhaltungen, Gesichtsausdrücke, Gesten und sprachliche Äußerungen. Das Besondere an diesen Zeichen gegenüber natürlichen Zeichen ist, dass sie die Zustände, für die sie stehen, auf korrekte oder inkorrekte Weise repräsentieren können. Die meisten dieser Zeichen werden von entsprechenden mentalen Repräsentationen kausal hervorgerufen. Der mentale repräsentationale Zustand der Aggression beispielsweise führt zu spezies-typischen Körperhaltungen oder muskulären Mustern im Gesicht; eine Geste kann Ausdruck von Verzweiflung sein, und Sätze (Äußerungen) der Form »a ist P« können z. B. von einer Meinung oder von einer Hoffnung (also spezifischen mentalen Repräsentationen) mit dem semantischen Gehalt, dass a die Eigenschaft P hat, hervorgerufen werden. Wir nennen diese Zeichen – weitgehend analog zu 3.128 – *repräsentationale Zeichen.*

**3.129** *Repräsentationale Zeichen*

(1) Wenn Z ein *repräsentationales Zeichen* ist, das X repräsentiert, dann ist X der *semantische Gehalt* von Z, d. h. Z weist in Hinsicht auf X Korrektheitsbedingungen auf.
(2) *Semantische* Gehalte von repräsentationalen Zeichen werden auch als *Bedeutungen* dieser Zeichen aufgefasst.
(3) Wenn Z ein repräsentationales Zeichen mit dem *semantischen* Gehalt X ist und das Auftreten von Z mit dem Vorkommen der Tatsache X korreliert ist, dann ist Z ein *korrektes repräsentationales Zeichen.*
(4) Wenn Z ein repräsentationales Zeichen mit dem *semantischen* Gehalt X ist und das Auftreten von Z mit dem Vorkommen der Tatsache nicht-X korreliert ist, dann ist Z ein *inkorrektes repräsentationales Zeichen.*
(5) Wenn X die Bedeutung eines korrekten repräsentationalen Zeichens Z ist, dann *trägt* Z die *repräsentationale Information, dass X der Fall ist.*
(6) Repräsentationale Zeichen können nicht-sprachlich oder sprachlich sein.
(7) Wenn Z ein repräsentationales Zeichen mit dem *semantischen* Gehalt X ist, das von einem Organismus O produziert wird, dann wird Z meist von einer mentalen Repräsentation von O mit dem Gehalt X hervorgerufen.
(8) Wenn Z ein repräsentationales Zeichen mit dem *semantischen* Gehalt X ist, das von einer mentalen Repräsentation von O produziert wird, dann kann ein anderer Organismus O*, der eine angemessene mentale Repräsentation mit dem Gehalt

Z hat (der also Z beobachtet), auf das Vorkommen von Z in derselben Weise reagieren wie

(a) auf das Vorkommen von X,

(b) auf das Vorkommen der Repräsentation mit dem *semantischen* Gehalt X bei O.

(9) Die in (8) umrissenen Reaktionsweisen sind die Grundformen des *Verstehens* von Zeichen (nach (8)(a)) *und* von mentalen Repräsentationen (nach (8)(b)).

In 3.129 wird die Repräsentationalität repräsentationaler Zeichen weitgehend analog zur Repräsentationalität mentaler Repräsentationen bestimmt. In (2) wird jedoch zusätzlich ein elementarer Bedeutungsbegriff eingeführt, der weit verbreitet ist. Bei mentalen Repräsentationen spricht man nur von Gehalten. Bei repräsentationalen Zeichen kann man ebenfalls von Gehalten reden – z. B. von Gehalten von Äußerungen; aber meist werden diese Gehalte als Bedeutungen der Zeichen angesehen. Bedeutungen sind also Gehalte von repräsentationalen Zeichen.

Der entscheidende Zusatz in 3.129 kommt jedoch in den Punkten (6), (7) und (8) vor. Weil repräsentationale Zeichen von anderen Organismen als den Zeichenproduzenten beobachtet werden können, lassen sie sich von diesen Organismen *verstehen*, und zwar entweder als Stellvertreter für tatsächliche externe Ereignisse (z. B. im Falle von Warnschreien) oder sogar als Indizien für mentale Zustände der Zeichenproduzenten (z. B. Furcht, Freude). Kein Organismus kann hinter die Schädeldecke oder die Körperoberfläche anderer Organismen schauen. Repräsentationale Zeichen sind daher das entscheidende Mittel, um *den repräsentationalen Geist anderer Wesen zu lesen* (also »mind-reading« zu betreiben). Repräsentationale Zeichen sind daher die *Grundlage aller Kommunikation*.

Wir wenden uns jetzt zunächst den nicht-sprachlichen Repräsentationen zu. Auf diesem Gebiet ist in den letzten Jahrzehnten eine attraktive Theorie entwickelt worden, die sich in eine Familie von Theorien der semantischen Gehalte und der Bedeutungen einfügt, die man *externalistisch* (3.150 (2)) nennt, weil sie den Begriff des semantischen Gehaltes und der Repräsentation mit der Geschichte der kausalen Interaktionen zwischen repräsentationalen Wesen und der der externen Welt verknüpfen. Wir werden sehen, dass diese Theorien erhebliche Auswirkungen auf den Begriff des Geistes haben.

## Nicht-sprachliche Repräsentationen

Der Ausgangspunkt für die Einführung eines angemessenen nicht-sprachlichen Repräsentationsbegriffes ist der Begriff echter Funktionen (2.100), denn dieser Begriff erlaubt es uns, auch von Dysfunktionen (= Fehlfunktionen) zu reden. Die Idee einer echten Funktion eines Merkmals an einem lebenden Wesen ist im Kern, dass dieses Merkmal bei seinen Vorfahren weitere Eigenschaften erzeugte, die ihrerseits die Reproduktionswahrscheinlichkeit dieser Wesen steigerte, so dass sich das funktionale Merkmal evolutionär durchsetzen konnte. Echte Funktionen werden also durch eine evolutionäre Geschichte erklärt und nicht durch aktuelle Performanz (= eine tatsächlich erbrachte Leistung) – gerade deshalb ist das *Bestehen* echter Funktionen mit *aktueller* Dysfunktionalität vereinbar.

Auf der Grundlage dieses Begriffes echter Funktionen können wir einen reicheren nicht-sprachlichen Repräsentationsbegriff einführen. Das ist die zentrale Idee der *Teleosemantik* als Theorie *nicht-sprachlicher* Repräsentation (dabei soll »Teleosemantik« andeuten, dass es sich um normative Funktionen mit einem Zweck (griechisch: telos) für das ganze lebende System handelt). Wir können nämlich beispielsweise sagen: Die Vorfahren heutiger Zecken hatten Gehirne, die qualifizierte Eigenzustände produzierten (nämlich Zustände des Registrierens von Buttersäure). Diese Eigenzustände waren ihrerseits 1–1-abgebildet (2.96 (2)) auf das Vorkommen von Organismen mit warmen Temperaturen in der Nähe der Zecken. Analog entwickelten die Gehirne von Fröschen und ihren Vorfahren Wahrnehmungen kleiner schwarzer Partikeln, die meist genau dann auftraten, wenn Fliegen in der Nähe der Frösche waren. *Das* heißt es, dass die Gehirne *heute lebender* Zecken die echte Funktion haben, innere Zustände in Form des Registrierens von Buttersäure zu produzieren, deren variable Aspekte 1–1-abgebildet sind auf Temperaturintervalle von Gegenständen in der Nähe von Zecken, oder dass die Gehirne von Fröschen die echte Funktion haben, innere Zustände in Form von Wahrnehmungsperioden zu produzieren, deren variable Aspekte 1-abgebildet sind auf Anzahlen von Fliegen in der Umgebung der Frösche. Auf diese Weise wird das Vorkommen nicht-sprachlicher Repräsentationen *evolutionshistorisch* erklärt.

Dieser Repräsentationsbegriff greift sowohl auf einen Begriff natürlicher Funktionen (2.97) als auch über den Verweis auf 1-Abbildungen auf den mathematischen Funktionsbegriff (2.96 (2)) zurück. Allerdings stellen die Gehirne von Zecken oder Fröschen die genannten 1–1-Abbildungen *nicht stets* fehlerlos her, sondern *die Gehirne haben die echte Funktion, diese 1-Abbildungen herzustellen.* Beispielsweise waren Vorfahren von Zecken, die über solche Gehirne und Fühler verfügten, statistisch zahlreicher als derartige Wesen ohne Fühler (die Fühler waren evolutionär vorteilhaft), und darum wurden Zecken mit Temperaturfühlern weiter reproduziert: Das ist ein Teil der nomologischen Erklärung (2.88–2.91) dafür, dass heutige Zecken existieren. Diese reproduzierten Eigenschaften wurden im Rahmen von Pushmi-Pullyu-Repräsentationen (3.103 (4)) mit geeigneten motorischen Reaktionen kausal verbunden, wie etwa dem Befall durch Zecken oder dem Auslösen des Schnappmechanismus bei Fröschen.

Wenn z. B. die Gehirne von Fröschen die echte Funktion haben, Wahrnehmungen zu produzieren, deren Varianten 1–1-abgebildet werden können auf das Vorkommen von Fliegen in unterschiedlicher Entfernung und Qualität, dann *repräsentieren* diese Wahrnehmungen die Fliegen, d. h. sie sind *Repräsentationen* dieser Fliegen, und Frösche insgesamt sind *repräsentationale Systeme*. Und dann können wir auch sagen: Fliegen sind die nicht-sprachlichen *Teleogehalte* der entsprechenden Wahrnehmungen (das ist eine erste elementarste Einführung eines semantischen Gehaltbegriffs). Die *Pointe* dieser semantischen Begrifflichkeit ist, dass wir beispielsweise sagen können: Hier haben wir vor uns einen lebendigen kleinen Frosch; manchmal schnappt der Frosch nach Fliegen, wenn keine da sind, und manchmal schnappt er nicht nach ihnen, wenn sie da sind, und oft kommen in seiner Umgebung viele kleine schwarze bewegliche Partikel vor, die keine Fliegen sind. In all diesen Fällen liegen unangemessene Repräsentationen vor. Die wichtigsten Ursachen dafür sind ungewöhnliche Umweltbedingungen und Fehler im Anzeigemechanismus. *Aber dennoch handelt es sich immer noch um Repräsentationen: Auch unangemessene Repräsentationen sind Repräsentationen* (3.128 (4)).

**3.130** *Nicht-sprachliche Repräsentation und nicht-sprachliche Teleogehalte*

(1) Sei S ein lebendes System (2.95), das ein Mitglied einer reproduktiven Familie (2.116, 2.117) ist und ein Gehirn hat; ein Gehirnzustand G(S) *repräsentiert* ein Ereignis A genau dann, wenn das Gehirn von S die echte Funktion (2.100) hat, zwischen

den qualifizierten Zuständen von G(S) und den qualifizierten Zuständen von A eine 1–1-Abbildung (also eine umkehrbar eindeutige mathematische Funktion, 2.96 (2)) herzustellen.

(2) Sei S wie in (1); eine äußere körperliche Reaktion (Körperhaltung, Geste, Laut). Z von S ist ein *nicht-sprachliches repräsentationales Zeichen* und *repräsentiert* ein Ereignis A *nicht-sprachlich* genau dann, wenn das Gehirn von S die echte Funktion hat, zwischen den qualifizierten Zuständen von Z und den qualifizierten Zuständen von A eine 1–1-Abbildung herzustellen.

(3) Ein Gehirnzustand oder ein Zeichen eines lebenden Systems hat den *Teleogehalt* A genau dann, wenn der Gehirnzustand bzw. das Zeichen das Ereignis A nicht-sprachlich repräsentiert. Teleogehalte sind *nicht-sprachlich*.

(4) Mit (1)–(3) sind die zentralen Ideen der *Teleosemantik* als Theorie nicht-sprachlicher Repräsentationen und nicht-sprachlicher semantischer Gehalte skizziert.

Diese Theorie nicht-sprachlicher Repräsentationen ist *externalistisch,* insofern sie das Vorkommen von Repräsentationen an eine Geschichte der Interaktionen von Vorfahren repräsentationaler Wesen mit externen Ereignissen und Zuständen in ihrer Umwelt bindet. Damit wird nicht nur die *Entstehung* von nicht-sprachlichen Repräsentationen evolutionstheoretisch (2.94) erklärt. Vielmehr behauptet die Teleosemantik auch, dass das *Vorkommen* von nicht-sprachlichen Repräsentationen in einzelnen Wesen wie z. B. uns Menschen einen *notwendigen* Bezug auf die externe Welt und auf eine Geschichte von Interaktionen mit der externen Welt enthält. Eine Repräsentation zu haben *heißt*, in dieser Weise auf die externe Welt bezogen zu sein. Repräsentationen können nicht allein internalistisch, also allein unter Hinweis auf Phänomene *in* repräsentationalen Wesen beschrieben werden (3.150 (1)). Und das bedeutet, dass der Geist – unser aller Geist z. B. – sich buchstäblich auf die externe Welt hinaus erstreckt. Dieser Theorie zufolge können mentale Repräsentationen daher nicht typenidentisch (vgl. 3.107) mit neurobiologischen inneren Gehirnzuständen sein.

**3.131** *Ausdehnung des repräsentationalen Geistes*

(1) Der repräsentationale Geist (also Gehirnzustände, die mental sind, insofern sie repräsentational sind und einen semantischen Gehalt haben) ist *nicht nur im Kopf*; vielmehr ist die Geschichte der Wechselwirkungen lebender Systeme (2.95) und ihrer Gehirne mit *externen* Ereignissen *konstitutiv* für das Mentale im Sinne des Repräsentationalen.
(2) Der repräsentationale Geist eines lebenden Systems S reicht nach (1) über die Grenzen von S hinaus. Die Teleosemantik ist eine *externalistische Theorie nicht-sprachlicher Repräsentation.*
(3) Nicht-sprachliche repräsentationale Zustände sind nicht typen-identisch mit inneren Gehirnzuständen, in denen sie unter anderem realisiert sind.

## Sprachliche Repräsentationen und propositionale Gehalte

Zum Abschluss dieses Kapitels erweitern wir die bisher skizzierte Theorie *nicht-sprachlicher Repräsentationen* zu einer Theorie *sprachlich geprägter Repräsentationen und sprachlicher (repräsentationale) Zeichen*. Diese Erweiterung besteht im Wesentlichen darin, dass der Begriff des semantischen Gehaltes sprachlicher Zeichen und sprachlich geprägter Repräsentationen ein wenig genauer erläutert wird. Damit lässt sich eine detaillierte *Theorie natürlicher Sprachen und sprachlich geprägter Repräsentationen*, die wir im übernächsten Kapitel besprechen werden, gut vorbereiten.

Wie bereits bemerkt (3.128 (1)), können Repräsentationen von sprachmächtigen Wesen mit sprachlichen Mitteln ausgedrückt werden. Dann reden wir von sprachlichen Repräsentationen und sprachlichen Zeichen, deren semantisch wichtigste Formen Gedanken und Sätze sind.

**3.132** *Sprachliche Gedanken und sprachliche Zeichen*

(1) *Sprachliche Repräsentationen* sind mentale Repräsentationen, die
  (a) von Wesen produziert werden, die eine natürliche Sprache meistern, und
  (b) von diesen Wesen mit sprachlichen Mitteln beschrieben werden können.

(2) *Sprachliche Zeichen* sind repräsentationale Zeichen, die
  (a) von Wesen produziert und verwendet werden, die eine natürliche Sprache meistern, und
  (b) Teil dieser natürlichen Sprache sind.

(3) Korrekte deskriptive Gedanken und Sätze sind *wahr*, unangemessene deskriptive Gedanken und Sätze sind *falsch*.

Mit 3.132 wird die Charakterisierung *sprachlicher* Repräsentationen und Zeichen in die *allgemeine* Kennzeichnung von mentalen Repräsentationen und repräsentationalen Zeichen in 3.128–3.129 integriert. Das bedeutet,

(a) dass auch sprachliche Zeichen mit dem semantischen Gehalt X gewöhnlich von mentalen Repräsentationen mit dem Semantischen Gehalt X hervorgerufen werden,

(b) dass Beobachter des Vorkommens von sprachlichen Zeichen mit dem semantischen Gehalt X auf das Vorkommen dieser Zeichen in derselben Weise reagieren wie auf das Vorkommen von X oder auf das Vorkommen der Repräsentation mit dem semantischen Gehalt X, von der das Zeichen hervorgerufen wird, und

(c) dass diese Reaktionsweisen die Grundformen des *Verstehens* von sprachlichen Zeichen *und* von mentalen sprachlichen Repräsentationen sind (3.139).

All das gilt also gleichermaßen von nicht-sprachlichen wie sprachlichen Repräsentationen und Zeichen. Sprachliche Repräsentationen und Zeichen sind gegenüber nichtsprachlichen Repräsentationen und Zeichen (3.130) unter anderem dadurch ausgezeichnet,

(d) dass sie weitaus feiner differenzierte semantische Gehalte haben und daher die externe Welt und die mentalen Zustände (3.104) anderer repräsentationaler Wesen viel genauer beschreiben können,

(e) dass sie die Metarepräsentation, also die Repräsentation anderer Repräsentationen *als* Repräsentationen, erheblich erleichtern, vielleicht sogar erst möglich machen und

(f) dass sie leichter schriftlich darstellbar sind und damit eine Grundlage der Tradierung und Kumulation (= Anhäufung) von Weltbeschreibungen sind.

Die wichtigste Basis einer Theorie natürlicher Sprachen ist eine Analyse der besonderen Merkmale der *semantischen Gehalte* sprachlicher Repräsentationen und Zeichen, insbesondere der semantischen Gehalte von Gedanken und Sätzen. Wenn Fritz meint oder sagt: »Kant ist ein einflussreicher Philosoph«, dann ist der semantische Gehalt dieser Meinung und dieses Satzes, *dass Kant ein einflussreicher Philosoph ist.* Dieser semantische Gehalt wird also durch einen Satz im Rahmen einer Dass-Klausel beschrieben. Darum nennt man solche semantischen Gehalte *propositional.* Und umgekehrt wird die Beschreibung eines semantischen Gehaltes in Form eines Satzes im Rahmen einer Dass-Klausel meist als Indiz dafür betrachtet, dass dieser Gehalt propositional ist und der semantische Gehalt einer sprachlichen Repräsentation oder eines sprachlichen Zeichens ist.

In diesem Sinne können wir z. B. sagen, dass eine Katze den verbrannten Toast riechen kann, dass sie aber nicht wahrnehmen kann, *dass* der Toast verbrannt ist: Ihre Wahrnehmung hat zwar einen semantischen Gehalt, aber nicht einen propositionalen Gehalt. Ein Furchtzustand kann einen semantischen Gehalt haben, der nicht propositional ist – z. B. Tiere, die nicht sprechen können, fürchten sich oft *vor* einer Gefahr; aber wir Menschen können auch sprachlich artikulieren, dass wir uns z. B. davor fürchten, *dass* wir arbeitslos werden: Unsere Furcht hat dann einen propositionalen Gehalt, den wir mit einer sprachlichen Dass-Klausel angeben.

Verschiedene Arten von mentalen sprachlichen Repräsentationen oder sprachlichen Zeichen können denselben propositionalen Gehalt haben: Ich kann davon überzeugt sein und daher behaupten, dass Donald Davidson gestorben ist, aber ich kann auch traurig darüber sein und daher mit einer entsprechenden Äußerung beklagen, dass Davidson gestorben ist. Meine Überzeugung (Behauptung) und meine Trauer (Klage) haben dann denselben propositionalen Gehalt. Man spricht hier gegenwärtig meist von verschiedenen *psychischen Modi* propositional gehaltvoller Repräsentationen und Zeichen (und nicht mehr wie noch vor einiger Zeit von Sprechakten (1.1, 3.159)).

Die Äußerung »Morgen besuche ich (= Barbara) dich (= Franz) ganz sicher« hat z. B. einerseits den propositionalen (d. h. sprachlich formulierbaren) Gehalt oder die Bedeutung, dass die Sprecherin Barbara den Hörer Franz morgen ganz sicher besucht, und andererseits den psychischen Modus des Versprechens.

**3.133** *Propositionale Gehalte*

(1) Die semantischen Gehalte von Sätzen und sprachlich strukturierten Gedanken heißen *propositional* und werden in Gestalt sprachlicher Dass-Klauseln beschrieben: Der propositionale Gehalt des Satzes oder Gedankens »p« ist: dass p.
(2) Propositionale Gehalte von Sätzen und anderen sprachlichen Zeichen heißen auch *Bedeutungen* dieser Zeichen.
(3) Sätze und Gedanken haben neben einem propositionalen Gehalt auch einen *psychischen Modus*, d. h. eine bestimmte Verwendungsweise (der psychische Modus von Sätzen wird auch *Sprechakt* genannt).
(4) Die Eigenschaft von Gedanken, einen propositionalen Gehalt zu haben und somit auf die Welt gerichtet zu sein, heißt auch die *Intentionalität* dieser Gedanken.

Der propositionale Gehalt lässt sich auch beschreiben als *Erfüllungsbedingung* des Satzes, als Bedingung, unter welcher der Satz seinem Äußerungsanspruch nach erfüllt ist. Wenn wir die propositionalen Gehalte als Erfüllungsbedingungen verstehen, lässt sich erkennen, dass sie zwei verschiedene charakteristische Ausrichtungen enthalten können: Meinungen sind beispielsweise auf die Welt ausgerichtet, denn wenn sie falsch sind, liegt dies an den Meinungen – die Meinungen passen nicht zu der Welt. Man sagt daher, dass z. B. Meinungen und Überzeugungen eine *Wort-auf-Welt-Ausrichtung* haben, d. h. sie sind deskriptiv. Wünsche und Absichten haben eine *Welt-auf-Wort-Ausrichtung*, denn wenn sie nicht erfüllt sind, liegt dies an der Welt: die Welt fügt sich den Wünschen nicht. Wünsche und Absichten sind daher präskriptiv.

Allerdings scheinen deskriptive und präskriptive Gedanken bzw. Sätze die Welt nicht in gleicher Weise zu repräsentieren. Denn die deskriptive Wort-auf-Welt-Ausrichtung mit einem semantischen Gehalt X kann in Hinsicht auf X korrekt oder inkorrekt sein, die präskriptive Welt-auf-Wort-Ausrichtung hingegen nicht. Wenn Franziska sich wünscht, dass sie eine hervorragende Jazz-Pianistin wird, dann ist ihr Wunsch in Hinsicht auf den semantischen Gehalt *dass sie eine hervorragende Jazz-Pianistin wird*, nicht korrekt oder inkorrekt. Eine Lösung dieses Problems zeichnet sich dann ab, wenn man den Begriff der Korrektheitsbedingungen zum Begriff der Erfüllungsbedingungen erweitert. Denn Wünsche und Absichten können erfüllbar oder unerfüllbar sein. Dennoch sind die Erfüllungsbedingungen von Meinungen und Überzeugungen nicht identisch mit den Erfüllungsbedingungen von Wünschen und Absichten. Im Gegensatz zu Meinungen und Überzeugungen *evaluieren* Wünsche und Absichten bestimmte Dinge oder Zustände. Wenn Franziska sich z. B. wünscht, dass sie eine hervorragende Jazz-Pianistin wird, dann repräsentiert ihr Wunsch, dass es für sie selbst *wünschenswert* und *erstrebenswert* ist, eine hervorragende Jazz-Pianistin zu werden, denn genau diese *evaluative Repräsentation* kann korrekt, aber auch inkorrekt sein.

**3.134** *Wort-auf-Welt-Ausrichtung und Welt-auf-Wort-Ausrichtung*

(1) Propositionale Gehalte von Gedanken und Äußerungen sind *Erfüllungsbedingungen* (3.140 (3)) für diese Gedanken oder Äußerungen.
(2) Diese Erfüllungsbedingungen (3.161 (3)) weisen entweder eine *Wort-auf-Welt-Ausrichtung* oder eine *Welt-auf-Wort-Ausrichtung* auf.
(3) Deskriptive Gedanken (Überzeugungen, Meinungen) und Sätze (Aussagen, Feststellungen) weisen eine Wort-auf-Welt-Ausrichtung auf, denn wenn sie *nicht* erfüllt sind (d. h. wenn sie falsch sind), liegt dies am Gedanken oder Satz (Gedanke und Satz sind nicht so, wie es die Welt verlangt).
(4) Präskriptive Gedanken (Wünsche, Absichten (= *Intentionen*)) und Sätze (Befehle, Aufforderungen) weisen eine Welt-auf-Wort-Ausrichtung auf, denn wenn sie *nicht* erfüllt sind (d. h. wenn sie nicht realisiert werden können), liegt dies an der Welt (die Welt ist nicht so, wie es Wünsche oder Befehle verlangen).
(5) Ein *deskriptiver Gedanke oder Satz* einer Person P mit der Erfüllungsbedingung X *repräsentiert*, dass X (der Fall ist). Ein *präskriptiver Gedanke oder Satz* einer Person P mit der Erfüllungsbedingung X *repräsentiert*, dass es für P erstrebenswert ist, dass X (der Fall ist).

Der Gedanke »Aristoteles hat tatsächlich Alexander den Großen unterrichtet« hat z.B. (1) den psychischen Modus der Feststellung und (2) die Erfüllungsbedingung (Wahrheitsbedingung), dass Aristoteles tatsächlich Alexander den Großen unterrichtet hat, und zwar (3) im Sinne einer Wort-auf-Welt-Ausrichtung, die repräsentiert, dass Aristoteles Alexander den Großen unterrichtet hat. Der Ausruf von Franz Meier »Ich möchte ein besserer Physiker sein als mein Physikprofessor Xaver Müller« hat (1) den psychischen Modus des Wunsches, (2) die Erfüllungsbedingung, dass Franz Meier ein besserer Physiker ist als sein Physikprofessor Xaver Müller, und zwar (3) im Sinne einer Welt-auf-Wort-Ausrichtung, die repräsentiert, dass es für Franz Meier erstrebenswert ist, ein besserer Physiker zu sein als sein Physikprofessor Xaver Müller.

Die bisherige Kennzeichnung propositionaler Gehalte scheint recht trivial zu sein: Diese Gehalte sollen im Falle von Sätzen schlicht durch Wiederholung dieser Sätze innerhalb einer Dass-Klausel angegeben werden. Worin liegt – so könnte man fragen – der Witz der Rede über propositionale Gehalte, wenn die Angabe des propositionalen Gehaltes eines Gedankens oder Satzes »p« lediglich in einer Wiederholung des Satzes in Gestalt der Phrase »dass p« besteht? Doch der Eindruck der Trivialität täuscht. Propositionale Gehalte sind nämlich nach herkömmlicher Auffassung durch mindestens drei besondere Merkmale ausgezeichnet: Sie erzeugen intensionale Kontexte, sie sind normativ, und sie lassen sich nur holistisch individuieren. Diese drei Merkmale müssen genauer erläutert werden:

**3.135** *Intensionalität (erstes Merkmal propositionaler Gehalte)*

(1) Ein Gedanke oder Satz p *erzeugt einen extensionalen* (1.10) *Kontext*, falls gilt: Wenn ein beliebiger Teil t von p (wobei auch t = p sein kann) durch einen Ausdruck t* substituiert wird, der synonym (3.162 (7)) mit t ist, so dass aus p der Satz p* wird (der statt t den Ausdruck t* enthält), dann hat p* denselben Wahrheitswert (1.6) wie p *(Substitution synonymer Ausdrücke salva veritate)* (= unter Beibehaltung des Wahrheitswertes des Originalsatzes).

(2) Ein Gedanke oder Satz p *erzeugt hingegen einen intensionalen* (1.10) *Kontext*, falls gilt: Es gibt einen Teil t von p, der durch einen mit t synonymen Ausdruck t* so substituiert werden kann, dass der resultierende Satz p* einen anderen Wahrheitswert hat als p.

(3) Sätze, die den propositionalen Gehalt eines Gedankens oder Zeichens eines sprachmächtigen Wesens beschreiben (in der Form *S denkt (gibt an), dass p*), erzeugen intensionale Kontexte und weisen in diesem Sinne Intensionalität auf *(erste Besonderheit propositionaler Gehalte)*.

In 3.135 und im Folgenden sind die Variablen metasprachliche Zeichen. Betrachten wir etwa den Satz p: »Fido biss den Briefträger, der daraufhin laut fluchte«, sowie den Satz p*: »Der Briefträger wurde von Fido gebissen und fluchte daraufhin laut.«

Satz p* wird aus p erzeugt, indem in p der Satzteil (i) »Fido biss den Briefträger« durch den Satzteil (ii) »Der Briefträger wurde von Fido gebissen« substituiert wird; aber (i) und (ii) sind synonym, also haben p und p* denselben Wahrheitswert: (i) kann durch (ii) salva veritate substituiert werden.

Oder betrachten wir den Satz p: »Petra forderte Peter auf, ihr Zimmer zu verlassen«, sowie den Satz q: »Christian meint, dass Mozart ein großer Komponist war.« Gelte nun: (a) Peter ist der klügste Mensch in Petras Zimmer, und (b) Mozart schrieb die *Entführung aus dem Serail*. Dann sind die Ausdrücke (i) »Peter« und »der klügste Mensch in Petras Zimmer«, sowie (ii) »Mozart« und »der Komponist der *Entführung aus dem Serail*«, synonym. Die entsprechende Substitution führt zu Satz p*: »Petra forderte den klügsten Menschen in ihrem Zimmer auf, ihr Zimmer zu verlassen«, und zu Satz q*: »Christian meint, dass der Komponist der *Entführung aus dem Serail* ein großer Komponist war.« Aber wenn Petra nicht weiß, dass (a) gilt, und wenn Christian nicht weiß, dass (b) gilt, sind p* und q* falsch, selbst wenn p und q wahr sind. In p und q gibt es also einen Satzteil, der nicht salva veritate substituiert werden kann: p und q erzeugen einen intensionalen Kontext.

**3.136** *Normativität (zweites Merkmal propositionaler Gehalte)*

(1) Es macht Sinn zu sagen, dass die Erfüllungsbedingungen (3.161 (3)) von Gedanken und Sätzen erfüllt sein *sollten*, obgleich es der Fall sein kann, dass sie nicht erfüllt sind.
(2) Wenn Person S einen Gedanken mit dem propositionalen Gehalt X hat, dann macht es Sinn zu sagen, dass sie nicht zugleich oder kurz darauf einen Gedanken mit dem propositionalen Gehalt nicht-X haben *sollte*, obgleich dies sehr wohl der Fall sein kann.
(3) Es macht manchmal Sinn zu sagen, dass ein pro-

positional gehaltvoller Gedanke oder Satz p zu einem weiteren propositional gehaltvollen Gedanken q führen *sollte* (p ist dann *Grund* oder *Prämisse* für q).

(4) In (1)–(3) sind drei Formen der *semantischen Normativität* propositionaler Gehalte skizziert *(zweite Besonderheit propositionaler Gehalte).*

Es macht beispielsweise Sinn zu sagen, dass Wünsche in Erfüllung gehen *sollten* (5.261) und dass Behauptungen wahr sein *sollten.* Oder wenn Günther meint, Hamburg liege südlich von Hannover, dann *sollte* Hamburg südlich von Hannover liegen, und Günther *sollte* z. B. auch meinen, dass Hannover nördlich von Hamburg liegt. Günther *sollte* dagegen nicht auch meinen, Hannover liege südlich von Hamburg. Und wenn Christine denkt, dass sie nervös ist, und dass ihr immer dann, wenn sie nervös ist, Denkfehler unterlaufen, dann *sollte* sie auch denken, dass ihr Denkfehler unterlaufen, und sie *sollte nicht* davon überzeugt sein, dass ihr jetzt keine Denkfehler unterlaufen werden. Die *Normativität*, die mit diesem Sollen verbunden ist, scheint also in die Erfüllungsbedingungen (3.140 (3)), also in die propositionalen Gehalte und ihre logischen und demnach auch rationalen Beziehungen gleichsam direkt eingebaut zu sein.

**3.137** *Holismus (drittes Merkmal propositionaler Gehalte)*

(1) Der propositionale Gehalt eines Gedankens oder Satzes ist nur durch seinen konsistenten (= widerspruchsfreien) Bezug auf propositionale Gehalte anderer Gedanken oder Sätze individuierbar und identifizierbar (zum Begriff »individuieren« vgl. oben S. 31).

(2) Das Netzwerk propositional gehaltvoller Gedanken und Sätze hat nach (1) eine *holistische Struktur.*

Angenommen beispielsweise, Barbara äußert den Wunsch, Philosophie studieren zu wollen; was könnte sie damit *meinen*, was ist der genauere propositionale *Gehalt* ihres Wunsches? Das hängt z. B. davon ab, was sie unter Philosophie *genauer versteht*. Vielleicht will Barbara Ingenieurin werden und in einem großen Automobilunternehmen arbeiten (ein übergeordneter Wunsch), und sie hat festgestellt, dass diese Unternehmen von ihren Top-Managern einen weiten Bildungshorizont erwarten, der in Weiterbildungskursen gefördert werden soll – die Themen dieser Kurse sind z. B. der wissenschaftliche Status der Ökonomie, ökologische Fragen, Bewusstsein und die Begründung ethischer Normen, und Barbara glaubt, dass diese Themen in der Wissenschaftstheorie, Naturphilosophie, Philosophie des Geistes und der Moralphilosophie gründlich behandelt werden. Und da sie letztlich als Ingenieurin den Posten einer Top-Managerin anstrebt, will sie Philosophie zumindest im Nebenfach intensiv studieren. Sie möchte im übrigen Top-Managerin werden, um viel Geld zu verdienen, aber auch um Einfluss auf die Weiterentwicklung von Wasserstoff-Motoren zu nehmen.

Aufgrund einer solchen umfassenderen Information wissen wir genauer, worauf Barbaras Wunsch, Philosophie zu studieren, hinausläuft – was der genauere propositionale Gehalt ihres Wunsches ist, d. h. wie dieser Wunsch eingebettet ist in weitere Überzeugungen und Ziele, die sie hat (auch diese Einbettung schärft den propositionalen Gehalt ihres Wunsches weiter). Die Beschreibung des genaueren propositionalen Gehalts des Wunsches von Barbara liefert also zugleich gute (rationale) Gründe für Barbaras Wunsch.

Betrachten wir folgende Sätze (Gedanken, Äußerungen):

(a) Hans lügt häufig und ist selten wahrhaftig.
(b) Hans lügt häufig und ist stets wahrhaftig.
(c) Hamburg liegt nördlich von München, und München liegt südlich von Hamburg.
(d) Hamburg liegt nördlich von München, und München liegt nördlich von Hamburg.
(e) Diese Katze ist kein Mensch.
(f) Dieser Hund ist ein Vogel.

Was unterscheidet die Sätze (a), (c) und (e) von den Sätzen (b), (d) und (f)? Die Antwort scheint offensichtlich zu sein: Die Sätze (a), (c) und (e) sind widerspruchsfrei (*konsistent*), die Sätze (b), (d) und (f) enthalten dagegen einen Widerspruch (sind *inkonsistent*) – und zwar aufgrund ihrer propositionalen Gehalte (Bedeutungen).

Und schauen wir uns noch folgende Sätze (Gedanken, Äußerungen) an:

(g) Petra ist müde, weil sie lange gearbeitet hat.
(h) Jonas freut sich auf den nächsten Tag, denn dieser Tag wird für ihn extrem anstrengend, frustrierend und langweilig.
(i) In zwei Wochen werde ich reich sein, weil ich mir so sehnlich wünsche, in zwei Wochen reich zu sein.
(j) In zwei Wochen werde ich reich sein, denn dann wird mir eine hohe Lebensversicherung ausgezahlt.
(k) Die USA sind ein unterentwickeltes Land, denn sie haben ein schlechtes Gesundheitssystem, ein schlechtes Bildungssystem, und bieten viel weniger Sozialleistungen als europäische Staaten.
(l) Die USA sind ein sehr entwickeltes und fortschrittliches Land, denn sie leisten sich jedes Jahr ein sehr hohes Budget für ihre Streitkräfte.

Was unterscheidet die Sätze (g), (j) und (k) von den Sätzen (h), (i) und (l)? Wieder ist die Antwort mehr als klar: Die Sätze (g), (j) und (k) stellen plausible, gute Begründungen dar, die Sätze (h), (i) und (l) dagegen unplausible, schlechte Begründungen. Erneut spielen für diese Diagnose die propositionalen Gehalte (Bedeutungen) der vorkommenden Ausdrücke eine wichtige Rolle. So gehört es im Deutschen nicht zur Bedeutung von Freude, angestrengt und gelangweilt zu sein (vgl. (h)), doch gehört es zur Bedeutung von staatlicher Unterentwicklung, geringe Sozialleistungen und ein schlechtes Bildungssystem zu haben (vgl. (k)). Die semantischen Netzwerke, in die unsere propositional gehaltvollen Gedanken und Sätze eingebettet sind, weisen demnach eine *logische und rationale Organisation* auf – denn Konsistenz und gute Begründung sind Zeichen von Logik und Rationalität. Naturtatsachen weisen demgegenüber lediglich eine *kausale Organisation* auf.

**3.138** *Logischer Raum der Gründe und Reich der Natur*

(1) Propositional gehaltvolle Gedanken und Sätze (also sprachlich geprägte Repräsentationen) weisen aufgrund ihrer propositionalen Gehalte und deren normativer und holistischer Struktur im Rahmen von semantischen Netzwerken (3.136 – 3.137) eine logische und rationale Organisation auf, die eine Grundlage für gute Begründungen ist.

(2) Die Konsistenz und Rationalität von propositional gehaltvollen Gedanken, Äußerungen und Sätzen aufgrund ihrer semantischen Netzwerke stiften *einen logischen Raum der Gründe* (vgl. auch 3.163), in dem wir uns als Denker und sprachfä-

hige Wesen bewegen, wenn wir argumentieren und begründen.
(3) Der logische Raum der Gründe lässt sich unterscheiden vom *Reich der Natur*, das aus jenen Zuständen besteht, die lediglich durch kausale Beziehungen organisiert sind.

## Verstehen

Propositionale Gehalte sind die typischen Gegenstände des *sprachlichen* Verstehens. Wir können also an unsere bisherigen Überlegungen zum Feld der sprachlichen Repräsentationen und sprachlichen Zeichen einen allgemeinen *Begriff des sprachlichen Verstehens* anschließen.

**3.139** *Sprachliches Verstehen: allgemeinster Begriff*

(1) Einen Gedanken oder Satz zu *verstehen* (zu *interpretieren*) heißt im Kern, den propositionalen Gehalt und den psychischen Modus des Gedankens oder Satzes zu erfassen.
(2) Das Verstehen (Interpretieren) ist selbst eine mentale oder sprachliche Repräsentation, die sich auf andere Repräsentationen (Gedanken oder Sätze) richtet. Das Verstehen (die Interpretation) ist daher stets die Repräsentation einer Repräsentation, also eine *Metarepräsentation.*
(3) Das *(intentionalistische) Verstehen des propositionalen Gehaltes* p eines Gedankens oder Satzes einer Person S oder eines Textes T *ist umso besser*, je umfassender p auf konsistente Weise über normative Relationen (gute Begründungen) auf andere propositionale Gehalte von Gedanken oder Sätzen von S bzw. T bezogen werden kann.

(4) Je umfassender das Verstehen eines Gedankens oder Satzes X nach Maßgabe von (2) ist, als desto *rationaler* kann X *vom Standpunkt von S bzw. T aus* vom Interpreten angesehen werden.
(5) Das Verstehen propositionaler Gehalte von Gedanken, Überlegungen, Sätzen und Texten ist die *Methode der interpretativen Wissenschaften* (typischerweise der *Geisteswissenschaften*) und ist nach (1)–(4) eine *Form von Rationalisierung.*
(6) Die Methode der interpretativen Wissenschaften ist nach (4) und (5) verschieden von der Methode naturwissenschaftlicher Erklärungen (2.101 (4)). Darin besteht die Grundlage der *methodologischen Autonomie interpretativer Wissenschaften.*
(7) Das Vokabular, in dem wir das Verstehen propositionaler Gehalte ausdrücken, heißt *intentionalistisches Vokabular.*

Im Beispiel zu 3.137 *verstehen* wir Barbara in ihrem Wunsch, Philosophie zu studieren, umso besser, je mehr Hintergründe zu ihren weiteren Wünschen und Überzeugungen wir kennen, die mit dem Studienwunsch zusammenhängen. Aber das heißt auch, dass wir ihren Studienwunsch zunehmend als *rational* ansehen können – *nicht* rational in dem Sinn, dass wir es *für uns*, also im Lichte *unserer* Überzeugungen und Wünsche als rational betrachten, sondern rational in dem Sinne, dass wir Barbaras Studienwunsch *im Lichte ihrer eigenen weiteren Ziele und Überzeugungen* als rational ansehen können. Eine *rationale Rekonstruktion* oder ein *rationales Verstehen* ihres Studienwunsches erfordert also, dass wir uns *so weit wie möglich auf Barbaras eigene Sicht der Dinge einlassen müssen.*

Dasselbe gilt für das Verstehen (= die Interpretation) von Texten. Auch das Textverständnis gelingt umso besser, je mehr es der Interpretin gelingt, sich ganz auf die Sicht des Autors einzulassen und die propositionalen Gehalte der Sätze im Text als möglichst rational *aus Sicht des Autors* ansehen zu können. Literaturwissenschaften betreiben z. B. das Verstehen propositionaler Gehalte vor allem von Texten auf professionelle Weise. Sie versuchen daher einen Aspekt am Geist zu erfassen, der für das Mentale *spezifisch* ist, im Gegensatz z. B. zur Neurobiologie des Gehirns, die ebenfalls einen wichtigen Aspekt des Geistes untersucht (nämlich seine physische Grundlage), ohne dass freilich dieser Aspekt für den Geist spezifisch wäre. Typische interpretative Wissenschaften sind nicht nur die Literaturwissenschaften, sondern beispielweise auch formale Logik und Mathematik. Denn diese Wissenschaften konstruieren Beweise, die eine durchgehend konsistente und rationale Struktur aufweisen und folglich durch Interpretationen (Metarepräsentationen) erfasst werden müssen.

# 9. Theorie des Bewusstseins

## Die Idee des Bewusstseins

Neben Funktionalität und Repräsentationalität ist das Bewusstsein das dritte grundlegende Merkmal mentaler Zustände (3.103 (5)). Doch was ist Bewusstsein? Es wird gegenwärtig weithin anerkannt, dass es schwer, wenn nicht gar unmöglich ist, eine befriedigende und nicht-zirkuläre Definition von Bewusstsein zu formulieren. Einige Menschen reagieren auf die Frage nach einer Definition von Bewusstsein ähnlich wie einst Louis Armstrong (einige sagen, es war Fats Waller) auf die Frage nach der Definition von Jazz: »Man, if you gotta ask, you're never gonna know.« Immerhin, die modernen Bewusstseinstheorien können einige Unterscheidungen und Erläuterungen anbieten, die ein wenig mehr Klarheit bringen. Grundsätzlich redet die moderne Theorie des Geistes über *das* Bewusstsein ähnlich wie über *den* Geist oder *die* Repräsentationalität – nicht in Begriffen von Substanzen, sondern in Begriffen von *Eigenschaften.* Ähnlich wie der Geist beschrieben wird als die Eigenschaft von Gehirnzuständen, geistig (mental) zu sein, und die Repräsentationalität als die Eigenschaft von Gehirnzuständen, repräsentational zu sein, so wird auch das Bewusstsein beschrieben als die Eigenschaft von Gehirnzuständen, bewusst zu sein.

Wir werden zunächst einige wichtige Formen und Merkmale des Bewusstseins ansprechen, anschließend zwei interessante Arten bewusster Zustände etwas genauer diskutieren (phänomenales Bewusstsein und Gefühle) und uns dann einem der schwierigsten Rätsel der Philosophie des Geistes widmen, dem Problem der Naturalisierung des Bewusstseins.

## Formen und Merkmale des Bewusstseins

Im alltäglichen Gebrauch der Begriffe »Bewusstsein« und »bewusst« gibt es eine wichtige und aufschlussreiche Ambivalenz (= Mehrdeutigkeit):

(a) In Redewendungen wie »Sie war nicht bei Bewusstsein« betrachten wir das Bewusstsein als eine innere Instanz, die die Rezeption von sinnlichen Stimuli für die Verhaltenssteuerung ausnutzt.

(b) In Redewendungen wie »Als sie die Haydn-Variationen hörte, wurde ihr die ganze Schönheit der Brahmschen Musik bewusst« dagegen verstehen wir das Bewusstsein als eine Art von Aufmerksamkeit und Erlebnis, die zu einem Vorkommnis von Bewusstsein im Sinne von (a) hinzukommen kann.

Wenn wir von Bewusstsein im Sinne von (a) sprechen, dann verwenden wir den Ausdruck »bewusst« als zweistelligen Prädikator (1.2, 1.3) (x verarbeitet bewusstseinsgelenkt y). Man spricht deshalb auch vom *transitiven Bewusstsein*, weil Stimuli durch die Instanz des Bewusstseins hindurch prozessiert werden. Wer ohnmächtig ist, kann keine Reize aufnehmen und für die Verhaltenskontrolle verwenden. Wenn hingegen ein Autofahrer sein Auto sicher lenkt, zugleich aber mit seiner Beifahrerin während der Fahrt angeregt diskutiert und daher seine Aufmerksamkeit nicht auf die herrliche Landschaft richtet, durch die sie fahren, dann ist er bewusst im Sinne von (a), nicht aber bewusst im Sinne von (b). Er nimmt die Landschaft in dem Sinne bewusst wahr, dass er optische und auditive Reize registriert und zur sicheren Kontrolle des Autos verarbeitet, aber er könnte am Ende der Fahrt nicht sagen, durch welche Landschaft sie gefahren sind, und er hatte deshalb auch kein Erlebnis von der Schönheit der Landschaft. Wenn wir vom transitiven Bewusstsein sprechen, haben wir oft die *funktionale Rolle* mentaler Zustände

(3.103 (1)) vor Augen. Diese Form des Bewusstseins lässt sich von der Psychologie *objektiv* und *wissenschaftlich* untersuchen. Und die Neurobiologen erforschen die Hirnregionen und neuronalen Verschaltungen, die genau dann aktiviert werden, wenn bewusste Episoden ihre spezifischen funktionalen Rollen zu erfüllen scheinen. Diese *objektiv* erforschbare Form des Bewusstseins lässt sich nicht den mentalen Zuständen selbst, sondern nur den Personen (Subjekten) im Ganzen zusprechen: Es sind ja nicht mentale Episoden oder Zustände, die Reize zur Verhaltenskontrolle ausnutzen, ebenso wenig wie mentale Zustände ohnmächtig sind; vielmehr sind es Personen oder Subjekte, die *mit Hilfe* gewisser mentaler Zustände Reize aufnehmen und zur Steuerung des Verhaltens verwenden, ebenso wie Personen oder Subjekte ohnmächtig werden können. Daher nennt man das transitive Bewusstsein auch *Subjekt-Bewusstsein.*

Wenn eine Liebhaberin klassischer Musik hingegen die Haydn-Variationen von Brahms hört, dann nimmt sie zwar auch auditive Reize von außen auf und nutzt sie zur Verhaltenssteuerung – vielleicht bleibt sie wie gebannt bis zum letzten Ton des Werkes sitzen. Aber zusätzlich hat sie ein bewusstes Erlebnis – das Erlebnis der Schönheit Brahmsscher Musik. Dieses Erlebnis ist eine zusätzliche Qualität des Hörens der Haydn-Variationen, denn es gibt auch Personen, die die Haydn-Variationen hören, dabei aber eher gelangweilt sind oder keinerlei Erlebnisse und Empfindungen haben. In diesem zweiten Fall (b) verwenden wir den Ausdruck »bewusst« als einstelligen Prädikator (1.2, 1.5) (x wird bewusst erlebt). Bewusstsein in diesem Sinne scheint eher den mentalen Zuständen als den Personen im Ganzen zuzukommen. Man spricht daher im Falle (b) vom *intransitiven Bewusstsein* und vom *Zustandsbewusstsein.*

Insofern wir den Eindruck haben, dass das Bewusstsein nicht definierbar ist, denken wir eher an das Zustandsbewusstsein (also an das intransitive Bewusstsein). Darum eröffnet man Überlegungen zum Zustandsbewusstsein meist mit einer paradigmatischen Liste typischer Erfahrungen: Visuelle Erfahrungen (Sehen von Farben, Gestalten, Graden von Helligkeit etc.); auditive Erfahrungen (Hörerfahrungen), taktile und olfaktorische Erfahrungen (Tasten und Riechen); Geschmackserfahrungen, Erfahrungen von Kälte und Hitze, Schmerz und andere Körpererfahrungen (= propriozeptive Zustände, d. h. Zustände von Hunger über Orgasmen bis zur Erfahrung der räumlichen Position des eigenen Körpers); Träume, Phantasien, Halluzinationen, Illusionen; viele Arten von Gefühlen (mit ausgesprochen distinkten Erfahrungen); Gedanken über eigene Gedanken; Selbstbewusstsein; und Kombinationen dieser Erfahrungen.

Ein gemeinsames Merkmal dieser verschiedenen mentalen Episoden ist, dass sie ihren Trägern auf bestimmte Weise *zugänglich* sind und eine *mentale Innerlichkeit* erzeugen: Bewusste Erfahrungen in diesem Sinn sind *Erlebnisse*; und wer Erlebnisse einer bestimmten Art hat, weiß oder fühlt, *wie es ist,* diese Art von Erlebnissen zu haben. Es gibt z. B. Menschen, die erlebt und erfahren haben (und daher gefühlt haben oder wissen), wie es ist, sich eine schwere Brandverletzung zuzuziehen, einen Orgasmus zu haben, Todesangst zu haben, das Heraufziehen eines Hurrikans zu beobachten, Dave Brubeck zu hören, die leuchtenden Rot-Farben der frühen flämischen Maler zu sehen oder einen bestimmten Menschen leidenschaftlich zu lieben. Und vielleicht ist es sogar gelegentlich möglich zu fühlen oder zu wissen, wie es ist, einen komplizierten mathematischen Beweis zu führen, einen Platon-Dialog zu lesen oder den Wunsch zu haben, eine gute Pianistin zu werden. Es gibt jedoch zweifellos auch viele Menschen, die einige dieser Dinge nie erlebt oder erfahren haben.

Wenn wir schlafen oder ohnmächtig sind, fehlt uns das Subjekt-Bewusstsein. Wenn die Zahnärztin unseren Kiefer betäubt, statt uns den Zahn ohne Betäubung zu ziehen, dann bleibt uns ein Zustandsbewusstsein erspart – nämlich ein höchst unangenehmes Schmerzerlebnis. Wenn wir uns die Ohren verstopfen, kann uns ein äußerst angenehmes Zustandsbewusstsein entgehen, z. B. die Haydn-Variationen von Brahms zu hören.

**3.140** *Zwei grundlegende Formen des Bewusstseins*

(1) *Subjekt-Bewusstsein (transitives Bewusstsein)* ist die funktionale und wissenschaftlich erforschbare Eigenschaft von Subjekten, sinnliche Stimuli für eine vorteilhafte Verhaltenssteuerung auszunutzen.

(2) *Zustandsbewusstsein (intransitives Bewusstsein)* ist der innere Zustand eines Subjekts, der subjekt-bewusste Zustände mit einer zusätzlichen Qualität (z. B. einer Erlebnisqualität) verbindet und dem Subjekt ermöglicht, zu fühlen oder zu wissen, wie es ist, in diesem Zustand zu sein.

Das Zustandsbewusstsein scheint sich, im Gegensatz zum Subjekt-Bewusstsein, nicht objektiv oder wissenschaftlich untersuchen zu lassen. Das ist einer der Gründe dafür, dass vor allem das Zustandsbewusstsein in der Philosophie des Geistes im Mittelpunkt der Diskussion steht. Allerdings sollten verschiedene Formen des Zustandsbewusstseins streng voneinander unterschieden werden. Traditionell wurde das Bewusstsein oft mit dem Selbstbewusstsein und im deutschen Idealismus sogar mit dem Geist identifiziert. In der modernen Philosophie des Geistes gilt das Selbstbewusstsein dagegen als eine spezielle Art von Zustandsbewusstsein. Die wichtigsten Arten des Zustandsbewusstseins sind:

(a) das *phänomenale Bewusstsein*: Alle jene Beispiele, die wir bisher für das Zustandsbewusstsein angeführt haben, sind genauer betrachtet Beispiele für das phänomenale Bewusstsein. Es handelt sich also primär um sensorische mentale Zustände (also Wahrnehmungen, 4.184 (3)), die eine Erlebnisqualität aufweisen. Diese Erlebnisqualität erlaubt es den Trägern der sensorischen Zustände zu erleben, wie es für sie ist, in diesen Zuständen zu sein. Derartige Erlebnisqualitäten heißen auch *Qualia* (Singular: das Quale); und Wesen, die mentale Zustände (3.103) haben, die Qualia aufweisen, besitzen *phänomenales Bewusstsein.* Wir sehen, riechen, schmecken oder empfinden z. B. einige Dinge auf eine ganz bestimmte innerliche Weise. Nur ich kann meine Schmerzen fühlen, andere Personen können *meine* Schmerzen nicht fühlen, sondern jeweils nur *ihre eigenen* Schmerzen. Den Geruch eines exotischen Gewürzes (an einem bestimmten Ort zu einer bestimmten Zeit) erlebe ich auf meine ganz persönliche Weise. Wie andere Menschen oder auch Tiere bestimmte sensorische Zustände erleben, können wir nicht nachvollziehen, es sei denn auf dem Wege einer Analogie zu unserem eigenen Erleben. Ohne diese Analogie ist der Nachvollzug unmöglich. Wie erleben beispielsweise Fledermäuse ihre Orientierung durch Echolote – wie ist es, allgemeiner ausgedrückt, eine Fledermaus zu sein? Diese Frage werden wir Menschen vermutlich niemals angemessen beantworten können. Vieles spricht im Übrigen dafür, auch einigen nicht-sensorischen mentalen Zuständen Qualia zuzusprechen, beispielsweise Gefühlen, Absichten und selbst einigen Überzeugungen oder logischen Operationen.

(b) das *Monitor-Bewusstsein*: Menschen können sich Gedanken über ihre eigenen Gedanken machen. Sie können einige ihrer mentalen Zustände zum Gegenstand anderer, ihnen eigener mentaler Zustände machen. Sie können beispielsweise denken, dass eine ihrer Wahrnehmungen eine Sinnestäuschung sein muss, dass sie einige unvereinbare Wünsche haben, dass sie oft zu aggressiv sind oder dass ihre mathematischen Kenntnisse recht umfassend sind. Eine einfachere Form des Monitor-Bewusstseins ist der Gedanke, dass wir in einem bestimmten mentalen Zustand sind, den man als inneres Scannen betrachten kann. Die mentalen Zustände einer Person werden also als bewusst angesehen, *insofern* sie innerlich gesondert registriert werden (also: durch einen inneren Scanner) oder *insofern* sie zum Gegenstand von mentalen Zuständen höherer Ordnung gemacht werden (also: vor einem inneren Monitor). Das Monitor-Bewusstsein lässt sich daher auch als eine Art inneres Theater auffassen, in dem sich der Geist selbst zusieht.

(c) das *Selbstbewusstsein* als spezifische reflexive Form des Monitor-Bewusstseins: Im Zustand des Selbstbewusstseins haben wir nicht nur ein Monitor-Bewusstsein, sondern dieses Monitor-Bewusstsein ist von dem zusätzlichen Gedanken begleitet, *dass diese Zustände unsere Zustände sind und dass wir selbst es sind, die unsere mentalen Zustände registrieren oder in Zuständen höherer Ordnung zum Gegenstand machen.* Das Selbstbewusstsein verfügt über einen Begriff des Selbst oder des Ich, das Erfahrungen als eigene erfahren lässt, und enthält die Fähigkeit, diesen Begriff zum Denken über sich korrekt einzusetzen.

(d) das *Zugangsbewusstsein*: Einige unserer mentalen Zustände – vor allem jene, die einen propositionalen Gehalt haben – sind uns als Prämissen in Argumenten zugänglich und können für eine rationale Kontrolle von Handlungen (5.230) und Reden herangezogen werden. Das gilt für viele unserer Absichten und Überzeugungen – aber beispielsweise nicht für vollständig verdrängte Wünsche (5.261), die wir deshalb auch als unbewusst ansehen.

Das Monitor-Bewusstsein, das Selbstbewusstsein (als spezielle Form des Monitor-Bewusstseins) und das Zugangsbewusstsein setzen die *Repräsentationalität* von mentalen Zuständen voraus (3.132 (1)). Das gilt für das phänomenale Bewusstsein nicht. Wir können z. B. eine Stimmung – etwa eine unbestimmte Nervosität – als extrem unangenehm und belastend erleben, auch wenn diese Stimmung keinen semantischen Gehalt hat und daher nichts repräsentiert. *Alle* aufgeführten Arten des Zustandsbewusstseins weisen jedoch zwei charakteristische Merkmale auf:

(1) Die *Privatheit des Zustandsbewusstseins*: Jede Person scheint einen *privilegierten kognitiven Zugang* zu ihren eigenen sensorischen und sonstigen mentalen Zuständen zu haben. Vielleicht können Wahrnehmungen, Wünsche oder Gedanken gelegentlich unbewusst sein, aber normalerweise weiß jede Person selbst am besten, welche Gedanken, Empfindungen oder Gefühle sie gerade hat. Diese Form des *Wissens* ist *unmittelbar* in dem Sinne, dass es nicht auf Informationen über andere Gegenstände beruht, aus denen es hergeleitet werden müsste (zum Informationsbegriff vgl. 3.127–3.128); es ist ferner mit der speziellen *Autorität der ersten Person* versehen in dem Sinne, dass es unter fast allen Umständen unfehlbar (= infallibel) ist; und schließlich ist es durch eine *Asymmetrie* ausgezeichnet in dem Sinne, dass es nicht auf andere Personen anwendbar ist, d. h. dass es nicht in ein intersubjektives (= von vielen Personen geteiltes) Wissen verwandelt werden kann.

(2) Die *Perspektivität des Zustandsbewusstseins*: Bewusste Wesen nehmen die Welt und insbesondere

ihre eigenen mentalen Zustände *aus einer besonderen individuellen Perspektive* wahr, und damit scheint auch die Welt selbst perspektivisch wahrgenommen zu werden. Das Zustandsbewusstsein *stiftet* diese individuelle Perspektive. Die elementarste Grundlage dieser Perspektive ist die schlichte Tatsache, dass mentale Zustände (3.103) jeweils in *einem* bestimmten Träger realisiert sind.

**3.141** *Grundlegende Merkmale und Formen des Zustandsbewusstseins*

(1) *Formen des Zustandsbewusstseins*

(a) *Phänomenales Bewusstsein:* Mentale Zustände einer Person sind *phänomenal bewusst*, insofern sie mit einer Erlebnisqualität verbunden sind, die es der Person erlaubt zu erleben, wie es für sie ist, in diesen Zuständen zu sein. Diese Erlebnisqualitäten heißen auch *Qualia.*

(b) *Monitor-Bewusstsein:* Mentale Zustände einer Person sind *monitor-bewusst*, insofern sie von anderen mentalen Zuständen dieser Person registriert (Scanner) oder repräsentiert bzw. evaluiert (Monitor) werden.

(c) *Selbstbewusstsein:* Mentale Zustände einer Person sind *selbstbewusst*, insofern sie monitor-bewusst und zusätzlich mit dem Gedanken verknüpft sind, dass die Person selbst es ist, der die mentalen Zustände zugehören und von der sie registriert oder zum Gegenstand von Gedanken höherer Ordnung gemacht werden (Reflexivität).

(d) *Zugangsbewusstsein:* Mentale Zustände einer Person sind *zugangsbewusst*, insofern sie für rationale Argumentationen und rationale Kontrolle von Handlungen durch die Akteure selbst herangezogen werden können.

(2) *Merkmale aller Formen von Zustandsbewusstsein*
   (a) *Privatheit:* Privilegierter kognitiver Zugang jeder Person zu ihren eigenen mentalen Zuständen als unmittelbares Wissen (*Autorität der ersten Person*).
   (b) *Perspektivität:* Einnahme einer individuellen Perspektive auf die Welt.

Für die modernen Theorien des Geistes stellt das Vorkommen des phänomenalen Bewusstseins (= des qualitativen Erlebens) die größte theoretische Herausforderung dar, wenn die Beziehung des Bewusstseins zu seinen physischen Grundlagen beschrieben werden soll. Dabei spielt eine spezielle Art phänomenal-bewusster mentaler Zustände, die zugleich repräsentational sind, eine zentrale theoretische Rolle, nämlich die Gefühle. Sie sind besonders dann von Interesse, wenn es um die Entstehung und Stufen von Normativität (nach 2.95, 3.136) geht – und damit allgemeiner um die Beziehung des Physischen zum Geistigen und Sozialen. Wir widmen uns deshalb der Theorie des phänomenalen Bewusstseins und der Theorie der Gefühle noch ein wenig genauer.

## Phänomenales Bewusstsein

Denken wir beispielsweise daran, wie wir eine bestimmte Rotfarbe (vielleicht ein Karmesin-Rot) phänomenal erleben. Ein roter Gegenstand ist vielleicht unterschiedlich rot getönt, aber die unterschiedlichen Rot-Töne werden differenziert homogen wahrgenommen; jeder Teil eines Segmentes einer bestimmten Rot-Tönung R* hat dann wieder R* (Homogenität). Unterhalb unserer physiologischen Diskriminierungsschwelle sind allerdings die physikalischen Eigenschaften (hier: Wellenlängen) der Gegenstandsteile, die in uns die R*-Wahrnehmung erzeugen, manchmal verschieden. Die Teile der homogen erlebten Segmente sind dann inhomogen. Auf dieser tieferen physikalischen Beschreibungsebene gibt es *keine* Homogenität.

Die Wahrnehmung von R* wird in uns durch komplizierte und schnelle Algorithmen im Gehirn erzeugt, aber diese Algorithmen nehmen wir nicht wahr – R* scheint uns vielmehr unmittelbar und direkt mit oder an dem Gegenstand gegeben zu sein und daher auch nicht eine besondere Perspektive darzustellen (Präsenz und Transparenz – nicht zu verwechseln mit: 2.49 (c); erst Zeichen, insbesondere sprachliche Zeichen (3.132), erleichtern es, eine Perspektive oder spezifische Beschreibung der Welt *als* Perspektive zu erkennen).

In einem anderen Sinne jedoch erfolgt z. B. die Wahrnehmung von R* am Gegenstand immer aus dem Subjekt heraus, gleichsam von innen. Hierbei handelt es sich um eine Perspektivität im Prinzip, d. h. um eine Perspektivität, die gewöhnlich nicht als Perspektivität empfunden wird. Diese Wahrnehmung erfolgt vielmehr aus einer Art phänomenalen Selbstbewusstseins heraus.

### 3.142 *Merkmale des phänomenal-bewussten Erlebens*

(a) *Homogenität:* Einfachste phänomenale Qualia besitzen eine Feldqualität, d. h. sie erscheinen als ungekörnt glattes Kontinuum.

(b) *Präsenz:* Phänomenale Qualia sind meist unmittelbar, ohne Zeitverzögerung und auf anstrengungslose Weise gegeben.

(c) *Transparenz:* Phänomenale Qualia werden nicht als subjektive Erscheinungen oder Resultate mentaler Prozesse erlebt, sondern direkt auf die Wirklichkeit bezogen; dies geschieht gleichsam transparent durch das mentale Prozessieren hindurch, auf dem die Qualia beruhen (das Gehirn als Verarbeitungsmedium bleibt unbemerkt).

(d) *Perspektivität:* Die phänomenale Erste-Person-Perspektive ist ein dominantes Strukturmerkmal des phänomenalen Raums und entsteht dadurch, dass dieser Raum zentriert wird durch ein phänomenales Selbst (vor 4.182) (phänomenales Selbstbewusstsein als Grundlage des repräsentationalen Selbstbewusstseins, vgl. 3.141 (2)(b)).

## Gefühle

Eine wichtige Klasse von phänomenal-bewussten Zuständen sind *Gefühle*. Es gibt sehr unterschiedliche Arten von Gefühlen. Schmerzen, Juckreiz, Hunger, Durst, Wärme und Kälte sind Beispiele für *Körpergefühle*, die sich auf den eigenen Körper und einige seiner Zustände beziehen (= propriozeptive Zustände) – im Gegensatz beispielsweise zu *Emotionen* wie Angst oder Freude, die typischerweise (wenn auch nicht ausschließlich) an externen Objekten festgemacht werden, *vor* denen wir etwa Angst haben oder *über* die wir uns freuen.

Die meisten elementaren Körpergefühle sind negativer Art und werden von Missbehagen begleitet; es gibt aber auch positive Körpergefühle wie z. B. das Gefühl angenehmer Wärme auf der Haut. Die elementaren negativen Körpergefühle sind ihrerseits von zweifacher Art: Schmerzen und Juckreiz beispielsweise zeigen einen Gewebeschaden des eigenen Körpers an, Hunger- und Durstgefühle dagegen ein Nahrungsdefizit. Gewebeschäden und vegetative Defizite im Eigenkörper sind zugleich die *Ursachen* (2.74–2.77) der entsprechenden Körpergefühle, und daher sind Körpergefühle meist räumlich und zeitlich in unserem Körper lokalisierbar, obgleich sie ihre exakten Ursachen nicht zugänglich machen (wir können z. B. Gewebeschäden nicht als Gewebeschäden, sondern nur als Schmerzen spüren). Und schließlich sind Körpergefühle mit festen Verhaltenssequenzen verbunden, Beschädigungsgefühle z. B. mit dem Bemühen um Heilung (etwa das Lecken von Wunden bei Tieren) oder um Schonung (etwa Ruhigstellung), Defizitgefühle hingegen mit der Sequenz Triebdisposition – gerichtete Suchaktivität – Triebreduktion – Ende der gerichteten Suchaktivität. Körpergefühle sind daher Motivationssysteme, allerdings nur zeitgebunden, denn z. B. eine Erinnerung an Defizitgefühle motiviert nicht für zukünftiges Verhalten.

**3.143** *Körpergefühle*

(1) *Körpergefühle* sind phänomenal-bewusste Zustände, die lebenswichtige Eigenkörperzustände ihrer Träger bewerten.
(2) Die wichtigsten *Arten von (negativen) Körpergefühlen* sind *Beschädigungsgefühle* und *vegetative Defizitgefühle*.
(3) *Merkmale* von Körpergefühlen: Sie sind
  (a) kausale Effekte von Eigenkörperzuständen;
  (b) fast immer im Eigenkörper räumlich und zeitlich lokalisierbar;
  (c) mit festen Verhaltenssequenzen verbunden, und
  (d) Motivationssysteme, die nur zeitgebunden motivieren.

Angst, Panik, Abscheu, Wut, Überraschung, Freude, Neugierde, Scham, Verachtung, Mitleid oder Anerkennung sind ebenfalls Gefühle – sie sind jedoch keine Körpergefühle, sondern *Emotionen*. Die Emotionen sind beispielsweise nicht an bestimmten Stellen im Eigenkörper ihrer Träger lokalisierbar: Es gibt keine spezifischen Stellen unseres Eigenkörpers, an denen wir etwa Angst oder Neugierde empfinden. Und Emotionen haben zwar Verhaltenseffekte (z. B. Kampf, Flucht oder Erstarren im Falle von Angst), sind aber nicht mit festen Verhaltenssequenzen verbunden. Sie sind also zwar auch Motivationssysteme, weisen aber als Reaktionen auf externe Ereignisse eine höhere Flexibilität auf. Andererseits motivieren sie ohne Zeitbindung, denn auch eine Erinnerung an Gefühle kann für zukünftiges Verhalten motivieren. Vor allem aber sind Emotionen wie Angst, Abscheu oder Neugierde typischerweise nicht auf den Eigenkörper, sondern meist auf externe Objekte gerichtet: Wir haben Angst vor gefährlichen Tieren oder aggressiven Menschen, und wir sind neugierig auf ein fremdes Land oder auf interessante Menschen. Damit hängt zusammen, dass Emotionen meist auf Wahrnehmungen beruhen, die sich der Fernsinne bedienen, also z. B. des Sehens oder Hörens, mit denen wir auch entfernte Gegenstände registrieren können. Körpergefühle wie Hunger oder Schmerzen dagegen setzen nicht voraus, dass wir etwas sehen, riechen oder hören. Da die externen Gegenstände, von denen die Emotionen gewöhnlich ausgelöst werden, zugleich wahrgenommen werden, machen Emotionen oder genauer emotionsbesetzte Wahrnehmungen ihre Ursachen zumindest in allgemeiner Weise bewusst (z. B. machen sie die Tatsache bewusst, dass dort etwas Gefährliches ist). Es gibt auch vielfältige Kombinationen von Körpergefühlen und Emotionen, deren Varianten von der Emotionspsychologie untersucht werden.

Emotionen können auf unterschiedlichen kognitiven und sozialen Entwicklungsstufen auftreten. Scham, Verachtung und Mitleid z. B. sind offenbar an soziale oder gar an moralische Standards gebunden; sie heißen daher *soziale Emotionen.* Überraschung und Neugierde setzen dagegen nicht notwendigerweise soziale Standards, wohl aber Lernfähigkeit voraus. Und elementare Angst oder Freude scheinen weder soziale Standards noch Lernfähigkeit vorauszusetzen, obgleich es selbstverständlich Formen von Angst und Freude gibt, die nur bei lernfähigen und sozialen Wesen vorkommen können.

**3.144** *Emotionen*

(1) *Emotionen* sind phänomenal-bewusste Zustände, die typischerweise mit Wahrnehmungen externer Gegenstände oder Situationen einhergehen und diese Gegenstände und Situationen bewerten.
(2) Es gibt drei verschiedene *Arten von Emotionen*: Basis-Emotionen *unterhalb von Lernfähigkeit*; Emotionen *mit Lernfähigkeit*; und *soziale* Emotionen.
(3) *Merkmale von Emotionen:* Emotionen
  (a) sind meist kausale Effekte externer Situationen, die gewöhnlich auch die Ursachen der Emotionen sind,
  (b) lassen sich nicht an bestimmten Stellen im Eigenkörper ihrer Träger lokalisieren,
  (c) haben Verhaltenseffekte, sind aber nicht mit festen Verhaltenssequenzen verbunden,
  (d) sind Motivationssysteme, aber ohne Zeitbindung, und
  (e) machen ihre Ursachen in allgemeiner Weise bewusst (als Gefahren oder Attraktionen).
(4) Es gibt sieben *Basis-Emotionen:* Wut, Freude, Ekel, Trauer, Angst, Überraschung, Verachtung. Die Basis-Emotionen und die mit ihnen korre-

lierte Mimik kommen in allen menschlichen Kulturen vor und werden anhand der Mimik in allen Kulturen verstanden.

Gefühle – Körpergefühle ebenso wie Emotionen – *bewerten* nach 3.169 und 3.170 externe Gegenstände und Zustände. Das heißt unter anderem, dass die Gefühle in zwei übergreifende Klassen von Bewertungen (Evaluationen) eingeordnet werden können, je nachdem, ob sie mit *Wohlbehagen (Lust)* oder *Unbehagen (Unlust)* verbunden sind. Gefühle sind also mit einer *Normativität* verbunden, die phänomenal-bewusst erlebt wird. Diese Art der Normativität geht über biologische Normativität (nach 2.95) und semantische Normativität (3.136) hinaus. Die phänomenal-bewusste Normativität, die mit Gefühlen einhergeht, ist die elementarste Form *echter (genuiner) Normativität*, weil sie die elementarste Normativität ist, auf deren Grundlage es fühlenden Wesen um sich selbst geht.

**3.145** *Normativität von Gefühlen*

(1) Gefühle sind *evaluative* (und damit *normative*) mentale Zustände, die zu einer der beiden Klassen von Meta-Gefühlen (Wohlbehagen, Unbehagen) gehören.
(2) Die Normativität von Gefühlen wird von fühlenden Wesen (i) durch eigene Bewertungsmechanismen produziert und (ii) phänomenal erlebt; sie ist damit eine elementare Form von *genuiner Normativität.*

Haben Körpergefühle ein spezifisches Objekt, auf das sie sich gewöhnlich richten? Verstehen wir dies in dem Sinne, dass sie ihre physiologischen Ursachen nicht deutlich machen (vgl. (3)), so haben sie entweder überhaupt kein Objekt, auf das sie gerichtet sind, oder sie erzeugen diese Objekte allererst. Schmerzgefühle sind nicht auf Schmerzen gerichtet: Schmerzen sind nicht der semantische Gehalt von Schmerzgefühlen; Hungergefühle sind nicht auf Hunger gerichtet, Hunger ist nicht der semantische Gehalt von Hungergefühlen, Schmerz und Hunger *sind* vielmehr gerade spezifische Gefühle.

Andererseits sind Körpergefühle im Rahmen ihrer Evolution (2.94) an echte Funktionen (2.100) gebunden, z. B. Schutz des Gewebes, Aufrechterhaltung von Stoffwechsel und Normaltemperatur, oder Erhalten von Wachsein (also wichtiger Überlebens- und Reproduktionsbedingungen). Die Ursachen von Körpergefühlen lassen sich weder zeitlich noch lokal bewusst verorten, sondern nur die Körpergefühle selbst (ich habe z. B. im Moment Schmerzen am Knie). Auch Emotionen haben echte Funktionen, z. B. Vermeidung von Gefahr (Angst), Kontaktaufnahme mit neuen, möglicherweise nutzbringenden Gegenständen (Neugierde) oder Separation von schädlicher Nahrung (Abscheu). Das bedeutet gerade, dass Gefühle nichtsprachliche semantische Gehalte haben und Repräsentationen sind (das ist eine Kernthese *kognitiver Gefühlstheorien*).

**3.146** *Repräsentationalität von Gefühlen*

(1) Wenn ein Wesen W ein Gefühl G hat, dann ist es die *echte Funktion* (2.100) des Gehirns von W, das Gefühl G derart zu produzieren, dass das Auftreten von G 1–1-korreliert ist mit seiner Ursache U (Beschädigung, vegetatives Defizit; Gefahr, Attraktion) und zu einem Verhalten von W führt, das die Interaktion von W mit U vorteilhaft für W gestaltet.

(2) Dann kann U der (objektive) *Teleogehalt* (3.130) von G und die vorteilhafte Interaktion mit U das *Ziel* des Auftretens von G genannt werden; in diesem Sinne ist G einerseits auf U und andererseits auf sein Ziel *gerichtet.*
(3) Gefühle sind daher auch nicht-sprachliche Repräsentationen (3.128).

Gefühle sind also nicht nur phänomenal bewusst, sondern auch genuin normativ und repräsentational. Sie befinden sich daher im Schnittpunkt der Ebenen des Bewusstseins, der Normativität und der Repräsentationalität. Eine angemessene Theorie der Gefühle muss sich daher der avanciertesten Theorien des Bewusstseins, der Normativität *und* der nicht-sprachlichen Repräsentation bedienen, und in einer Untersuchung des Zusammenhangs zwischen den Reichen der Natur, des Geistes und der Gesellschaft nimmt die Theorie der Gefühle eine Schlüsselstellung ein.

Darüber hinaus weisen Emotionen im Gegensatz zu den meisten Körpergefühlen noch eine wichtige Besonderheit auf – die *Expressivität.* Emotionale Zustände verursachen nämlich gewöhnlich muskuläre Körpermuster, Gesichtszüge oder Gesten, die wir theoretisch als repräsentationale Zeichen (3.129) der inneren emotionalen Zustände auffassen können. Aggressivität, sexuelles Interesse oder Freundlichkeit beispielsweise werden innerhalb der jeweiligen Spezies und zum Teil sogar über verschiedene Spezies hinweg in typischen körperlichen Mustern manifest. Und diese Muster können von anderen Mitgliedern der Spezies auch *verstanden* werden, d. h. diese Mitglieder können auf die körperlichen Muster so reagieren, dass sie ihr Verhalten relativ auf die ausgedrückte Emotion vorteilhaft steuern können. Das ist eine elementare Art und Weise, in der höhere Tiere einige ihrer eigenen mentalen Zustände (3.103) vermitteln und einige mentale Zustände von Artgenossen lesen können. Kurz, Emotionen sind expressiv und haben kommunikative Funktionen.

**3.147** *Emotionale Expressivität*

(1) Emotionen haben *Expressivität*, d. h. sie manifestieren sich eindeutig in körperlichen Mustern, Gesichtszügen oder Gesten.
(2) Die expressiven Effekte der Emotionen sind *intentionale emotionale Zeichen* (vgl. 3.138), d. h. ihre nicht-sprachlichen Teleogehalte können von geeignet ausgestatteten Wesen registriert (verstanden) und für eine vorteilhafte Verhaltenssteuerung angesichts der gegebenen Emotion genutzt werden.
(3) Die nicht-sprachliche Verständlichkeit von Emotionen begründet die *kommunikative Rolle* von Emotionen.

Es gibt eine Klasse von Gefühlen, die sich der bisher skizzierten Begrifflichkeit nicht fügen, weil sie keine spezifischen semantischen Gehalte zu haben scheinen – Gefühle wie Trübsinn, Nervosität, Gereiztheit, Beschwingtheit, Weltschmerz, Urvertrauen, oder Menschenliebe (Liebe ist ihrem semantischen Gehalt nach meist spezifischer, Weltschmerz allgemeiner). Wenn Gefühle überhaupt keinen expliziten semantischen Gehalt haben, gelten sie als *Stimmungen*; wenn sie nur sehr allgemeine semantische Gehalte haben, könnte man von *Gefühlsverfassungen* reden.

**3.148** *Stimmungen und Gefühlsverfassungen*

(1) *Stimmungen* und *Gefühlsverfassungen* sind Gefühle, die keine spezifischen Teleogehalte haben und daher weder Körpergefühle noch Emotionen sind.
(2) *Stimmungen* haben keinen semantischen Gehalt und keine eindeutigen echten Funktionen. Sie sind zeitlich von kurzer Dauer und kausal abhängig von Situationswechseln und gespeicherten empirischen Erfahrungen.
(3) *Gefühlsverfassungen* haben allenfalls sehr allgemeine semantische Gehalte; sie sind zeitlich von längerer Dauer und von Situationswechseln unabhängiger als Stimmungen; auch Gefühlsverfassungen haben meist gespeicherte empirische Erfahrungen (4.183 (6)) als Ursachen.

Betrachten wir zum Abschluss der Bemerkungen zur Gefühlstheorie folgende Reihe von Ereignissen (zu denen auch mentale Zustände und insbesondere Gefühle gehören):
(1) Max hat morgen eine schwere Prüfung in seinem Studienfach Ökonomie.
(2) Max weiß, dass er sich nicht gut vorbereitet hat, ferner dass seine weitere Karriere in der Wirtschaft vom Bestehen der Prüfung abhängt, und schließlich dass seine Freundin und Eltern von ihm erwarten, dass er die Prüfung besteht.
(3) Max steht nicht gern als Versager da.
(4) Max hat große Angst vor der morgigen Prüfung.
(5) Max besteht die Prüfung.
(6) Max ist nach der Prüfung extrem erleichtert und fühlt sich beschwingt.
(7) Max feiert nach der Prüfung in ausgelassener Stimmung mit Eltern, Freundin und engsten Freunden.

Welche dieser Ereignisse könnten wir als *gute Begründungen* für andere Ereignisse in dieser Liste bezeichnen? Sicherlich wird Ereignis (4) durch die Ereignisse (1)–(3) plausibel begründet. Außerdem stellen Ereignisse (4) und (5) eine annehmbare Begründung für die Ereignisse (6) und (7) dar.

Nehmen wir nun aber einmal an, die Ereignisse (1)–(5) hätten stattgefunden, aber dann träte etwas anderes ein als die Ereignisse (6) und (7), nämlich:

(6)* Max ist nach dem Bestehen der Prüfung deprimiert und traurig.

(7)* Max zieht sich nach dem Bestehen der Prüfung zurück, möchte niemanden sehen und keinesfalls feiern.

Mit dieser Fortsetzung scheinen wir ein Problem zu haben. Es sieht nicht folgerichtig aus, dass Max trotz seiner Faulheit die Prüfung besteht, seine Karriere sichert, die Erwartungen seiner Liebsten erfüllt und daraufhin deprimiert, traurig und nicht zum Feiern aufgelegt ist. Die Ereignisse (1)–(5) wären eine *schlechte Begründung* für die Ereignisse (6)* und (7)*. Daher sind wir (und nachweisbar Probanden in Psychologie-Labors) geneigt, zusätzliche Umstände zu suchen, die auch die Ereignisfolge (1)–(5), (6)* und (7)* in gute Begründungen verwandeln. Das wäre z. B. der Fall, wenn wir zusätzlich herausfänden, dass Max eigentlich keinen Job in der Wirtschaft bekleiden, sondern lieber Musiker werden will. Seine Freundin und Eltern haben jedoch Druck auf ihn ausgeübt, in die Wirtschaft zu gehen und viel Geld zu verdienen. Er hat sich diesem Druck bisher widerwillig gebeugt. Max studiert daher auch nur widerwillig und ohne großes Interesse Ökonomie. Seine Angst vor der Prüfung ist daher vor allem durch den Einfluss seiner Freundin und seiner Eltern, deren Wertschätzung Max wichtig ist, hervorgerufen worden. Das Bestehen der Prüfung legt ihn stärker auf ein Leben als Manager fest und rückt die Erfüllung seines heimlichen heißen Wunsches, Musiker zu werden, in weite Ferne. Insgeheim wäre er lieber durch die Prüfung gefallen, denn dann hätte er sein Ökonomie-Studium an den Nagel hängen und Musiker werden können. Und darum ist er nach Bestehen der Prüfung deprimiert und traurig.

Diese Erklärung der Gefühlslage von Max greift unter anderem auf andere Gefühle von Max zurück, sieht angemessen und nachvollziehbar aus und stellt uns daher zufrieden. Das bedeutet: Auch die Gefühle sprachmächtiger Menschen können logisch rational miteinander vernetzt sein und auf entsprechenden semantischen Netzwerken beruhen. Falls man eine kognitive Gefühlstheorie vertritt, ist das eigentlich keine Überraschung, denn Gefühle sind unter anderem Repräsentationen, die unter sprachmächtigen Wesen oft rational vernetzt sind (3.137, 3.138). Gefühle können also zum logischen Raum der Gründe gehören (3.138 (2)).

**3.149** *Rationalität von Gefühlen*

(1) Unter Menschen sind Gefühle meist in umfassendere Gruppen von Gefühlen eingebettet.
(2) Innerhalb dieser Gruppen können einzelne Gefühle gute Gründe für andere Gefühle darstellen.
(3) Es können aber auch Widersprüche zwischen Gefühlen auftreten.
(4) Gefühle sind oft auf rationale Weise miteinander vernetzt.
(5) Daher können viele Gefühle rational diskutiert und erklärt werden.

## Das Problem der Naturalisierung des Bewusstseins

Zum Abschluss unseres Studiums der Grundlagen der Philosophie des Geistes müssen wir noch einmal das Thema Geist und Natur aufnehmen. Dieses Thema wird, wie bereits oben im Abschnitt über Geist und Natur bemerkt, seit langer Zeit kontrovers diskutiert. Mögliche Positionen hängen offensichtlich davon ab, was man genau unter dem Geist versteht. In der modernen Philosophie des Geistes sind, wie wir gesehen haben, Repräsentationalität und Bewusstsein die grundlegenden Merkmale des Geistes und der mentalen Eigenschaften. Aus dieser Sicht wird diskutiert, ob sich Repräsentationalität und Bewusstsein – und damit der Geist – *naturalisieren*, d.h. auf die Natur zurückführen lassen.

*Zurückführung* kann allerdings Unterschiedliches heißen. Daher ist die Idee der Naturalisierung grundlegender mentaler Eigenschaften ambivalent und tritt in verschiedenen Versionen auf: Der *radikale Naturalismus* behauptet, dass Repräsentationalität und Bewusstsein ihrer Art (ihrem Typus) nach nichts anderes sind als physische Eigenschaften (Typen-Identitätstheorie, vgl. 3.107). Damit wird der Geist aus unserem Universum eliminiert (man spricht daher auch vom eliminativen Physikalismus, vgl. 2.68). Eine mildere Form ist der *mentale Naturalismus*, demzufolge mentale Phänomene zwar nicht typen-identisch mit physischen Phänomenen sind, wohl aber in physischen Phänomenen realisiert und in diesem Sinne von physischen Phänomenen abhängig sind (vgl. die Korrelationsthese 3.105). Ein wenig technischer formuliert supervenieren dieser Position zufolge mentale Eigenschaften über physischen Eigenschaften. Der mentale Naturalismus tritt allerdings in einer schwachen und einer starken Form auf (vgl. 3.119). Die gegenwärtig anerkannteste Variante ist der starke mentale Naturalismus in Gestalt des *nomologischen Naturalis-*

*mus*. Diese Position behauptet, dass mentale Phänomene aus geeigneten physischen Phänomenen (vor allem in Form von aktiven neuronalen Arealen des Gehirns) aufgrund bestimmter Naturgesetze oder empirischer Regularitäten hervorgehen (vgl. 3.119 (3)).

Zum Teil wird der Naturalismus auch in einer methodologischen Form präsentiert, die das Verfahren der Naturalisierung an das Vorgehen empirischer Wissenschaften bindet. Eine metaphysische Variante dieses *methodologischen Naturalismus* behauptet, dass die Existenzannahmen akzeptabler Theorien und daher auch der Theorie des Geistes letztlich auf die Existenzannahmen (i) der empirischen Wissenschaften (4.208 (2)) oder (ii) der Naturwissenschaften oder (iii) der Physik als grundlegendster Naturwissenschaft zurückgehen müssen. Genau genommen handelt es sich mit (i), (ii) und (iii) um drei verschiedene Versionen *dieses metaphysischen Naturalismus*, je nachdem an welche empirischen Wissenschaften man sich binden möchte. Die Variante (i) ist ersichtlich der mildeste metaphysische Naturalismus. Eine noch schwächere Form ist die wissenschaftstheoretische Forderung, dass die Theorie des Geistes wie jede andere wissenschaftliche Theorie auch anhand empirischer Daten überprüfbar sein sollte (vgl. den gemäßigten Naturalismus 2.66). Fassen wir diese Übersicht zusammen:

**3.150** *Varianten des Naturalismus*

(1) *Radikaler (eliminativer) Naturalismus*: Repräsentationalität und Bewusstsein sind ihrer Art (ihrem Typus) nach nichts anderes als physische Eigenschaften.
(2) *Mentaler Naturalismus*: Repräsentationalität und Bewusstsein sind nicht typen-identisch mit physischen Eigenschaften, sondern supervenieren über physischen Eigenschaften.

(3) *Nomologischer Naturalismus*: Repräsentationalität und Bewusstsein gehen aus physischen Eigenschaften (vor allem der aktiven neuronalen Areale des Gehirns) auf kausale, naturgesetzliche Weise hervor.
(4) *Methodologischer Naturalismus*:
(a) Metaphysische Version: Die Existenzannahmen akzeptabler Theorien und daher auch der Theorie des Geistes müssen auf die Existenzannahmen (i) der empirischen Wissenschaften (4.208 (2)) oder (ii) der Naturwissenschaften oder (iii) der Physik als grundlegendster Naturwissenschaft zurückgehen.
(b) Wissenschaftstheoretische Version: Die Theorie des Geistes sollte wie jede andere wissenschaftliche Theorie auch anhand empirischer Daten überprüfbar sein.

Nach dem gegenwärtigen Stand in der Philosophie und allgemeiner der interdisziplinären Theorie des Geistes ist der nomologische Naturalismus (als spezielle Form des mentalen Naturalismus) empirisch gut bestätigt und daher weithin anerkannt. Insbesondere werden die physikalischen und biologischen Grundlagen des Bewusstseins und der Gefühle intensiv erforscht. So ist festgestellt worden, dass alle Gehirnprozesse, die von Bewusstsein begleitet sind, in einem bestimmten Bereich des Großhirns, dem assoziativen Cortex, auftreten. Einige bewusstseinsrelevante Gehirnareale sind unspezifisch in dem Sinne, dass sie grundlegend für Bewusstsein allgemein sind. Andere bewusstseinsrelevante Gehirnareale sind spezifisch für bestimmte Bewusstseinsleistungen. Der assoziative Cortex ist vor allem durch eine enge Verschaltung von kognitiven Speicherfähigkeiten, multimodalen sensorischen Informationen und Evaluationen im limbischen System (= Bereich des Gehirns, der die Affekte und Gefühle steuert) sowie durch eine extreme Binnenverdrahtung gekennzeichnet. Die Kombinationsmöglichkeiten dieser Verdrahtungen sind praktisch unendlich groß.

Zunehmend werden auch die *neuronalen Mechanismen* erforscht, die den Bewusstseinsformen zugrundeliegen. Die Resultate gehen heute in ihrer Spezifizität weit über allgemeine Angaben hinaus (wie etwa die allgemeine These, dass bewusste Wahrnehmungsprozesse mit neuronalen Aktivitäten in den sekundären sensorischen Arealen einhergehen). Bestimmte Gebiete im Großhirn sind z. B. von grundlegender Bedeutung für Wachheit und Bewusstsein überhaupt. Das basale Vorderhirn ist vor allem für Aufmerksamkeit zuständig. Und man hat Neuronen im unteren Schläfenlappen und in der Amygdala (= kleiner Teil des Limbischen Systems, der das Angstgefühl steuert) des Primatengehirns identifiziert, die auf Gesichter reagieren. Oder man hat Zellen im präfrontalen Cortex nachgewiesen, die dem Arbeitsgedächtnis zugrunde liegen. Eine der neuesten Entdeckungen sind die Spiegelneuronen, deren Aktivität elementare Verstehensleistungen (3.139) steuern. In einigen Fällen gehen bestimmte Gehirnprozesse den entsprechenden Bewusstseinszuständen *zeitlich voraus*. Bewusstsein tritt nur auf, wenn das Gehirn mindestens 100 Millisekunden aktiv ist, also auch der Reiz entsprechend lang anhält; und eine Sinnesreizung wird sogar oft erst mit einer Verzögerung von bis zu einer Sekunde bewusst.

Bewusste Prozesse verbrauchen extrem viel Energie. Das Bewusste und das Unbewusste stellen hirnanatomisch wie funktional *verschiedene* Systeme dar. Die *unbewussten Prozesse* sind unabhängig von der Begrenzung kognitiver Reserven, unterliegen keiner willentlichen Kontrolle, erfordern keine Aufmerksamkeit, laufen schnell und mühelos ab, sind kaum fehleranfällig, lassen sich durch Übung verbessern, aber im Ganzen nur schwer ändern und weisen eine »flache« parallele Informationsverarbeitung auf, die sich nur an einfachen hervorstechenden Merkmalen orientiert. Die *bewussten Prozesse* sind ganz im Gegenteil abhängig von den Grenzen kognitiver Ressourcen (z. B. im Arbeitsgedächtnis), erfordern Aufmerksamkeit, laufen langsam und mühevoll ab, benötigen einen massiven Zugriff auf das Langzeitgedächtnis, sind sehr störanfällig, zeigen nur geringe Übungseffekte (die sich in festen Routinen geltend machen), sind aber leicht veränderbar und weisen eine »tiefe« serielle Informationsverarbeitung auf, die sich auf komplexe Sachverhalte richtet. *Die bewussten Prozesse treten immer dann in Erscheinung, wenn die bewusstseinsfähigen Wesen mit neuen, wichtigen und komplexen Tatsachen konfrontiert werden.* Es ist die biologische Funktion bewusster Prozesse, mit neuen und komplexen *Tatsachen* fertig zu werden.

**3.151** *Neurobiologische Basis des Bewusstseins*

(1) Alle Formen des Bewusstseins sind an materielle Grundlagen gebunden – vor allem an neurobiologische Strukturen in funktionierenden Gehirnen.

(2) Alle Formen des Bewusstseins beruhen primär auf Vorgängen im assoziativen Cortex, der durch eine extrem hohe und dichte Binnenverdrahtung gekennzeichnet ist, die fast unendlich viele Kombinationsmöglichkeiten erlaubt.

(3) Die physikalischen und biologischen Prozesse, die den Bewusstseinsformen zugrunde liegen, sind langsam und störanfällig, aber leicht veränderbar und auf komplexe und neuartige *Tatsachen* gerichtet.

(4) Die *neurobiologischen Grundlagen* der Gefühle liegen im limbischen System, das im Gehirn aller Säuger vorkommt.

Die Emotionspsychologie zeigt, dass Basisemotionen spezifische natürliche Funktionen (2.97) haben, die mit grundlegenden Aspekten des Anpassungsverhaltens verbunden sind: *Freude als* Akzeptanz und williger Kontakt ist mit der Einverleibung von Nahrung und Wasser verbunden, aber auch mit Fortpflanzung und Sexualität; *Ekel und Abscheu* sind mit der Ausscheidung, also Exkretion und Erbrechen gekoppelt, *Zorn und Wut* mit der Zerstörung oder Entfernung eines Hindernisses für Befriedigung, *Furcht und Entsetzen* mit dem Schutz, vor allem der Vermeidung von Schaden, und *Kummer und Trauer* mit der Verarbeitung des Verlustes eines lustbringenden Objektes. *Fundamentale Affekte auf der Ebene von Lernfähigkeit* sind vor allem *Überraschung und Schreck* als Beitrag zur Orientierung (also als Reaktion auf den Kontakt mit einem fremden Objekt) sowie *Neugierde und Interesse* als Beitrag zur Erforschung von Neuem (also als Aktivitäten zur Orientierung in fremden Umgebungen).

Die kognitive Psychologie hat überdies herausgefunden, dass bewusste und repräsentationale Zustände in unseren Köpfen insofern existieren, als sie kognitiv implementiert und operativ sind. Zu den empirischen Daten für diese Existenzbehauptung gehören Lesegeschwindigkeiten als Indizien für das Verstehen semantisch gehaltvoller Texte, die beispielsweise höher sind, wenn wir uns durch semantische Netzwerke bewegen, als wenn wir uns durch lose assoziierte Gedanken oder Textteile bewegen. Insofern können Repräsentationalität und Bewusstsein nicht nur als mental und insbesondere als nomologisch, sondern auch als methodologisch naturalisierbar (im metaphysischen Sinne) gelten.

Der radikale Naturalismus stellt demgegenüber derzeit eine Minderheitenposition dar. Bis jetzt ist es noch nicht befriedigend gelungen, Repräsentationalität ohne intentionalistisches Vokabular (3.107 (2), 3.139) zu beschreiben und zu erklären. Doch die härteste Herausforderung für eine radikale Naturalisierung des Geistes stellt das phänomenale Bewusstsein dar. Mehr noch: wenn sich das phänomenale Bewusstsein *nicht* naturalisieren lässt, dann lassen sich auch diejenigen Phänomene nicht naturalisieren, die unter anderem auf der genuinen Normativität (3.145) beruhen, die erst mit dem phänomenalen Bewusstsein gegeben ist – beispielsweise soziale, ästhetische oder moralische Phänomene. Daher stehen wir hier vor einer wichtigen Frage.

Die Naturalisierbarkeit des phänomenalen Bewusstseins ist mit drei – mittlerweile als klassisch geltenden – Argumenten angegriffen worden.

(1) Das erste Argument knüpft vor allem an die *Perspektivität* des phänomenalen Bewusstseins (3.141 (2) (b), 3.142 (d)) an. Was auch immer Wissenschaftler aus einem objektiven, wissenschaftlichen Blickwinkel über empirische Erfahrungen (4.183 (6)) und Empfindungen eines anderen Wesens mit phänomenal-bewussten mentalen Zuständen (3.141 (1)(b)) ermitteln könnten – die spezifische Erlebnisqualität dieser Zustände *für* ihre Träger ist auf diese Weise nicht erfassbar. Wenn uns andere Wesen hinreichend ähnlich zu sein scheinen, wie z. B. andere Menschen oder andere hochentwickelte Primaten, können wir aufgrund der physikalisch-biologischen Ähnlichkeit *und* unseres privilegierten Zuganges zu unserem eigenen phänomenalen Erleben auf entsprechende Erlebnisse bei anderen Menschen schließen. Diese Folgerung hat jedoch nichts mit der physikalischen und biologischen Beschreibung zu tun, sondern entspringt unseren eigenen Erlebnis-Ressourcen. Was dagegen z. B. eine Fledermaus phänomenal erlebt, wenn sie sich durch Echolote orientiert, muss uns unzugänglich bleiben. Das ist der Kern des *Nagel-Argumentes* (das nach seinem Erfinder Thomas Nagel benannt wurde).

(2) Das zweite Argument verweist vor allem auf die *Repräsentationalität* (3.128) und den *Weltbezug* phänomenaler Erlebnisse. Wenn wir einen Gegenstand als rot oder als gefährlich erleben (einige Tiere erleben genau die roten Gegenstände als gefährlich, aber es gibt auch Fische, die genau die roten Gegenstände als sexuell anziehend erleben), dann haben diese phänomenalen Erlebnisse zumindest Teleogehalte (3.130) und sollen die externe Welt angemessen repräsentieren. Nehmen wir beispielsweise in einem Gedankenexperiment an, die Wissenschaftlerin Mary verfügt über alle physikalischen Informationen und kennt alle naturwissenschaftlichen Theorien darüber, was vorgeht, wenn Menschen mit normal arbeitenden Sinnen einen blauen Enzian erblicken und davon schwärmen, wie herrlich blau dieser Enzian ist – Mary hat also ein vollständiges physikalisches, chemisches und biologisches Wissen darüber, welche Lichtwellen in diesem Fall auf die Retina des Enzian-Liebhabers treffen, wie diese visuellen Reize in seinem Gehirn weiter prozessiert werden und wie diese Gehirnprozesse schließlich zu seinem enthusiastischen Ausruf führen: »Wie herrlich blau ist dieser Enzian!« Mary lebte aber bisher in einer Labor-Umgebung ohne jegliche blaue Farbtöne. Sie hat normal funktionierende Sinne, weiß aber nicht, wie es ist, einen blauen Gegenstand zu sehen. Wenn sie außerhalb des Labors erstmals blaue Enziane erblickt und ruft »Wie herrlich blau ist dieser Enzian«, verfügt sie nicht mehr *nur* über das theoretische Wissen (Überzeugungswissen) (4.189 (1)), wie ihr eigener Ausruf auf natürliche Weise über visuelle Stimuli und Prozesse in ihrem eigenen Gehirn zustande gekommen ist, sondern sie *verfügt über ein zusätzliches Wissen*: Sie kennt *eine neue Tatsache*, nämlich dass und wie dieser Enzian im *phänomena-*

*len Sinne* blau ist. Es gibt also Tatsachen, die nicht naturwissenschaftlich erforschbar und damit nicht physische Tatsachen sind. Daher ist der Naturalismus (2.65–2.69) falsch. Das ist das *Jackson-Argument* (das nach seinem Erfinder Frank Jackson benannt wurde).

(3) Das dritte Argument behauptet, es gäbe eine *Lücke* in der Erklärung des phänomenalen Bewusstseins. Wenn die Physik behauptet, dass die Temperatur in einem idealen Gas durch die mittlere kinetische Energie seiner Moleküle realisiert ist, dann ist diese Behauptung explanatorisch vollständig, falls der Begriff der Temperatur physikalisch bestimmt wird, z. B. über quantitative Messverfahren und die kausalen Effekte von Temperaturen. Wenn dagegen die Naturalisten behaupten, Schmerzen seien durch das Feuern (die elektrische Entladung von Hirnzellen vom Typ) der C-Fasern realisiert, dann ist diese Behauptung *explanatorisch unvollständig*. Denn zwar haben Schmerzen kausale Effekte (sie führen z. B. zu Schmerzschreien und zu Versuchen, die Schmerzen zu lindern), und wir können auch annehmen, dass das Feuern von C-Fasern diese kausalen Effekte erklärt. Aber damit ist die spezifische Erlebnisqualität, die mit Schmerzen verbunden ist, nicht erklärt. Mehr noch, alles was sich naturwissenschaftlich über das Feuern von C-Fasern sagen lässt, wäre damit vereinbar, dass mit Schmerzen andere Erlebnisqualitäten verbunden sind. In Hinsicht auf phänomenales Bewusstsein gibt es daher eine *Erklärungslücke*: Naturwissenschaftliche Erklärungen (2.101 (4)) können das phänomenale Bewusstsein von mentalen Zuständen nicht erreichen. Das ist das *Levine-Argument* (das nach seinem Erfinder Joseph Levine benannt wurde).

**3.152** *Klassische Argumente gegen die radikale Naturalisierung des phänomenalen Bewusstseins*

(1) Die individuelle Erlebensperspektive, die mit dem phänomenalen Bewusstsein (3.141 (1)(a), 3.142) verbunden ist, kann durch objektive naturwissenschaftliche Untersuchungen nicht erfasst werden (Nagel-Argument).

(2) Aussagen, die Gegenständen wahrheitsgemäß Eigenschaften auf eine Weise zuschreiben, die notwendigerweise ein phänomenales Erleben voraussetzt, stellen zusätzliches Wissen gegenüber allen denkbaren naturwissenschaftlichen Beschreibungen dieser Eigenschaften dar und beziehen sich daher auf Tatsachen, die sich nicht naturwissenschaftlich beschreiben lassen (Jackson-Argument).

(3) Naturwissenschaftliche Erklärungen, die in Hinsicht auf die physischen Realisierer phänomenalbewusster Zustände vollständig sind, sind mit verschiedenen Erlebnisqualitäten dieser Realisierer vereinbar und reichen daher an das phänomenale Bewusstsein selbst nicht heran (Levine-Argument).

Diese drei Argumente sind nicht nur miteinander vereinbar, sondern ergänzen einander. Einige Philosophen versuchen, diese Argumente zusätzlich durch zwei Gedankenexperimente zu stützen, in denen von *phänomenalen Zombies* und *invertierten Qualia* (3.141 (1)(a)) die Rede ist.

(4) Stellen wir uns *phänomenale Zombies* vor, also Wesen, die physikalisch, biologisch und funktional von uns Menschen nicht unterschieden sind, die in denselben Situationen dieselben Reaktionen, Gesten und sprachlichen Kommentare manifestieren wie

wir und daher insbesondere auch behaupten, sie hätten phänomenale Erlebnisse; tatsächlich haben sie allerdings keinerlei phänomenales Bewusstsein. Phänomenale Zombies sind zumindest logisch möglich (zu logischen Modalitäten: 2.56–2.57); es ist nicht widersprüchlich anzunehmen, dass phänomenale Zombies existieren. Und daraus folgt, dass das phänomenale Bewusstsein nicht identisch sein kann mit physischen Zuständen, denn phänomenale Bewusstseinszustände würden in diesem Fall nicht einmal über physischen Zuständen supervenieren (3.117).

(5) Angenommen, es gibt zwei Personen P1 und P2 derart, dass P1 genau dann bestimmte Rotfarben sieht, wenn P2 bestimmte Grünfarben sieht, und umgekehrt. Dann werden P1 und P2 zwar in genau denselben Situationen Gegenstände als rot oder grün klassifizieren, aber P1 wird etwas Rotes sehen, wenn sie »rot« sagt, während P2 etwas Grünes sehen wird, wenn sie »rot« sagt; und P1 wird etwas Grünes sehen, wenn sie »grün« sagt, während P2 etwas Rotes sieht, wenn sie »grün« sagt. In diesem Fall haben P1 und P2 *invertierte Qualia*. Doch werden sie diesen Umstand nicht entdecken können. Zugleich können invertierte Qualia bei verschiedenen Personen vorkommen, die funktional und physikalisch identisch sind. Auch daraus folgt, dass das phänomenale Bewusstsein nicht mit physischen Zuständen identisch sein kann.

Die Überlegungen (4) und (5) scheinen nicht plausibel zu sein, denn vieles spricht dafür, dass extrem komplex organisierte Organe wie das menschliche Gehirn *notwendigerweise* phänomenales Bewusstsein erzeugen und dass die Aktivitäten spezifischer Hirnareale bei Menschen *notwendigerweise* auch spezifische Formen des phänomenalen

Bewusstseins erzeugen. Phänomenale Zombies und invertierte Qualia scheinen daher zumindest physikalisch unmöglich zu sein.

Auch der bloße Hinweis auf eine Erklärungslücke im Levine-Argument ist nicht durchschlagend, denn in vielen Bereichen der Naturwissenschaften gibt es ähnliche theoretische Befunde: Die Warum-Fragen kommen an ein Ende, wir müssen uns mit dem Hinweis auf empirische Korrelationen (im Anschluss an 3.107) und auf die Entstehung neuer Systemeigenschaften begnügen. Wie schaffen es materielle Körper, die vierdimensionale Raumzeit in ihrer Umgebung zu krümmen, und wie schafft es die vierdimensionale Raumzeit ihrerseits, andere materielle Körper dazu zu bringen, sich auf geodätischen Bahnen zu bewegen? *Was ist es* genauer an materiellen Körpern und an der vierdimensionalen Raumzeit, das zu diesen Effekten führt? Diese Frage können wir bis auf Weiteres nicht beantworten. Vielleicht lässt sich diese Erklärungslücke irgendwann schließen, das wäre ein Erkenntnisfortschritt. Aber wenn sie sich nicht schließen lässt, wäre das kein theoretisches Desaster. Es ist nicht einsichtig, warum wir in der Theorie des Bewusstseins strengere Maßstäbe an Erklärungen anlegen sollten als z. B. in der Allgemeinen Relativitätstheorie (2.85).

Das Jackson-Argument und das Nagel-Argument sind dagegen nach wie vor ernst zu nehmen, obgleich auch diese beiden Argumente auf unterschiedliche Weise kritisiert wurden. Der wichtigste Einwand ist, dass Mary nicht eine neue Tatsache kennen lernt, wenn sie zum ersten Mal einen blauen Enzian sieht, sondern eine neue Fähigkeit oder einen neuen Zugang erwirbt, mit deren Hilfe sie sich auf eine Tatsache beziehen kann, die sie in physikalischer Beschreibung bereits kennt.

Dieser Einwand verweist auf eine Ambivalenz des Begriffs »Tatsache«, mit der die Debatte um die Naturalisierung des phänomenalen Bewusstseins belastet zu sein scheint. Denn der Einwand arbeitet mit einer Unterscheidung zwischen *objektiven Tatsachen*, die ganz unabhängig davon bestehen, wie wir sie erkennen oder beschreiben, und *beschreibungsabhängigen Tatsachen*, die sich als propositionale Gehalte wahrer Aussagen kennzeichnen lassen und folglich von der Bedeutung der in den Aussagen vorkommenden Ausdrücke abhängen. Die Idee ist, unter Rückgriff auf den Beschreibungsdualismus (3.114, 3.115) zu behaupten, dass wir dieselbe objektive Tatsache auf verschiedene Weise beschreiben können und dass daher zu ein und derselben objektiven Tatsache verschiedene beschreibungsabhängige Tatsachen gehören können. Beispielsweise kennzeichnen die Aussagen:

(a) »Das Wasser in diesem Glas hat eine Temperatur von einem Grad, die ihrerseits in der mittleren kinetischen Energie E der Gasmoleküle besteht.«

(b) »Das Wasser in diesem Glas fühlt sich für mich eiskalt an.«

ein und dieselbe objektive Tatsache und zugleich verschiedene beschreibungsabhängige Tatsachen. Was Mary lernt, ist nicht eine neue objektive Tatsache, sondern eine neue beschreibungsabhängige Tatsache. Und was der Naturalismus (2.65–2.69) behauptet, ist nicht, dass alle beschreibungsabhängigen Tatsachen physisch sind, sondern nur, dass alle objektiven Tatsachen physisch sind. Das Jackson-Argument und auch das Nagel-Argument verweisen dieser Überlegung zufolge nur darauf, dass es beschreibungsabhängige Tatsachen gibt, die nicht physisch sind. Das ist weder eine aufregende These noch ein Einwand gegen die Naturalisierung des phänomenalen Bewusstseins.

So plausibel dieser Einwand auf den ersten Blick aussehen mag – er hat bei genauerem Zusehen einen entscheidenden Haken. Denn er operiert mit einer Idee von objektiven Tatsachen, die ein Bestandteil des naiven metaphysischen Realismus (2.49 (1)) ist, der heute weitgehend auf Ablehnung stößt. Objektive Tatsachen sind uns nämlich ebenso wenig direkt gegeben wie beschreibungsabhängige Tatsachen. Denn genau besehen sind objektive Tatsachen das, was unsere besten akzeptablen *Theorien* beschreiben, beispielsweise physikalische Theorien. Auch objektive Tatsachen sind beschreibungsabhängig – sie sind nämlich propositionale Gehalte wahrer Theoreme naturwissenschaftlicher oder im engeren Sinne physikalischer Theorien.

Auf diese Weise wird dem Einwand seine Durchschlagskraft genommen. Insgesamt spricht sehr vieles dafür, dass sich das phänomenale Bewusstsein nicht radikal naturalisieren lässt, während es, wie bereits bemerkt, sehr wohl mental, nomologisch und metaphysisch naturalisierbar ist (im Sinne von 3.150).

Allerdings lässt sich für uns Menschen vermutlich nie klar ausmachen, wie es für höhere Tiere ist, bestimmte Gefühle zu haben. Wie erleben Kaninchen oder Primaten Freude, Aggressivität oder Angst? Es ist nicht einmal sicher, dass andere Menschen phänomenal bewusste Zustände auf dieselbe Weise erleben wie wir selbst. Es sieht nicht so aus, als ließe sich in diesem Punkt eine Klärung auf objektive und wissenschaftliche Weise herbeiführen. Es gibt allenfalls Anzeichen dafür, dass Menschen ein stärkeres und schärferes phänomenales Bewusstsein haben als (nicht-menschliche) Tiere. Schimpansen beispielsweise, denen im Kampf die Hoden abgerissen wurden, benehmen sich zwei Stunden nach diesem Vorfall anscheinend wieder weitgehend normal.

Phänomenales Bewusstsein kommt also wahrscheinlich in verschiedenen Graden vor. Insbesondere gibt es *gedämpfte, nicht-fokussierte und dissoziierte Gefühle*. Gedämpfte Gefühle werden beispielsweise durch sedierende (= betäubende) Medikamente hervorgerufen; nicht-fokussierte Gefühle haben wir etwa dann, wenn wir »untergründig« ein nervendes Geräusch hören, aber abgelenkt sind und erst später bewusst merken, wie sehr uns das Geräusch tatsächlich gestört hat. Auch Gefühle, die wir im Schlaf und in einigen Träumen erleben, sind gedämpft. Dissoziierte Gefühle sind Gefühle wie Schmerz oder Entspannung, die ehemalige Schmerzpatienten empfinden, an denen ein bestimmter chirurgischer Eingriff vorgenommen wurde und die dann zwar diese Gefühle noch empfinden, aber, wie sie selbst sagen, ohne Leid und Freude zu spüren (es handelt sich hier um eine spezifische Form psychischer Dissoziation). Tiere dürften phänomenal bewusste Zustände im Vergleich zu Menschen gedämpft empfinden. Insgesamt folgt aus diesen Befunden, dass sich das phänomenale Bewusstsein im Gegensatz zur Repräsentationalität nicht wissenschaftstheoretisch naturalisieren lässt (vgl. 3.150 (4) (b)).

**3.153** *Naturalisierung des phänomenalen Bewusstseins*

(1) Das phänomenale Bewusstsein ist mental, nomologisch und metaphysisch naturalisierbar.
(2) Das phänomenale Bewusstsein ist weder radikal noch wissenschaftstheoretisch naturalisierbar.

Damit ist allerdings das letzte Wort zur Naturalisierung des Geistes noch nicht gesprochen. Der *Interpretationismus* (3.173–3.179) und mit ihm eine lange Tradition der Sprachphilosophie seit Johann Gottfried Herder (1744–1803) und Immanuel Kant (1724–1804) haben geltend gemacht, dass Repräsentationen und folglich auch repräsentationale Gefühle nur durch ihre Position in holistisch organisierten semantischen Netzwerken identifizierbar *und* individuiert sind (vgl. 3.137, 3.163). Vertreter dieser Position machen ferner darauf aufmerksam, dass nur propositional gehaltvolle Gedanken, Äußerungen und Texte semantisch vernetzt sind (vgl. 3.137). Daraus folgt, dass nicht nur die Identifizierung, sondern auch die Individuierung spezifischer repräsentationaler Bewusstseinsformen das Meistern einer natürlichen Sprache voraussetzt. *Demnach haben nur Wesen, die eine natürliche Sprache meistern (auf der Erde nur Menschen) einen repräsentationalen und bewussten Geist.* Diese Folgerung wird auch *Sprachabhängigkeitsthese* genannt.

Eine der zentralen Voraussetzungen dieser Einschätzung besagt, dass *alle* semantischen Gehalte und Repräsentationen propositional sind. Die nicht-sprachliche Repräsentationstheorie, wie sie in Kapitel 8 skizziert wurde, zeigt jedoch, dass diese Voraussetzung sehr problematisch ist. Und die Ähnlichkeit der neuronalen und expressiven Merkmale von Basis-Emotionen (3.144) bei den meisten Säugern ist ein starkes empirisches Argument dafür, dass es mit hoher Wahrscheinlichkeit auch für nicht-sprachfähige fühlende Wesen verschiedene Gefühle gibt, die von diesen Wesen auch in ihrer Unterschiedlichkeit erlebt werden können.

Dennoch involviert die Sprachabhängigkeitsthese samt ihrer Begründung einen wichtigen *theoriestrategischen* Hinweis, der auch das Problem der Naturalisierung des Geistes betrifft. In den empirischen Wissenschaften ist es üblich und bewährt anzunehmen, dass Hypothesen und Theorien über einen Bereich B, von dem ein anderer Bereich B* kausal erzeugt wird, die Hypothesen und Theorien über B* zirkelfrei erklären können. Die explanatorische Theoriestrategie führt von Theorien über B zu Theorien über B*. Wir können dann, wenn B das Reich der Natur ist, von einer *theoriestrategischen Naturalisierung* sprechen. Doch wenn B das Reich der Natur *und* B* das Reich des Geistes ist, funktioniert diese Theoriestrategie nicht. Denn genau jene Positionen, die die anerkannten Formen der Naturalisierung des Geistes artikulieren (also der mentale, nomologische und metaphysische Naturalismus (vgl. 3.150)), gehen notwendigerweise von einer bestimmten Korrelation zwischen physischen und mentalen Eigenschaften aus, die sie nicht ohne das intentionalistische Vokabular kennzeichnen können, das zur Beschreibung mentaler Eigenschaften dient. Bereits dann, wenn wir die *Frage* nach der Naturalisierung des Geistes artikulieren, müssen wir intentionalistisches Vokabular investieren, das zum Teil auch propositionale Gehalte hat. Neurobiologische Zustände des Gehirns bilden, wie wir gesehen haben, anerkanntermaßen die physische Grundlage des Geistes. Doch wenn Neurobiologen diese physischen Grundlagen studieren, können sie lediglich feuernde Neuronen in den Blick bekommen, die keinerlei Verweis auf mentale Eigenschaften enthalten. Erst dann, wenn Menschen im Labor sprachlich und im intentionalistischen Vokabular ihre eigenen mentalen Zustände beschreiben, während zugleich bestimmte Neuronen ihres Gehirns feuern, kann empirisch jene Korrelation von physischen und mentalen Eigenschaften hergestellt werden, von denen alle nicht-radikalen Varianten des Naturalismus immer schon ausgehen müssen. In diesem Sinne sind die wichtigsten Wissenschaften, die sich um eine angemessene Beschreibung mentaler Eigenschaften und ihrer spezifischen Organisationsform bemühen (namentlich die kognitive Psychologie und Philosophie des Geistes), *theoriestrategisch freistehend* gegenüber der Neurobiologie des Gehirns. Wir können demnach festhalten:

**3.154** *Theoriestrategischer Anti-Naturalismus des Geistes*

(1) Sei B* ein Bereich, der vom Reich B der Natur kausal erzeugt wird; wenn dann die Hypothesen und Theorien über B* zirkelfrei durch Hypothesen und Theorien über B erklärt werden können, dann ist B* *theoriestrategisch naturalisierbar.*

(2) Der Geist wird zwar vom Reich der Natur kausal erzeugt, ist aber nicht theoriestrategisch naturalisierbar.

Wir müssen nach 3.154 die Eigenschaft einiger Gehirnzustände hoch entwickelter Lebewesen, Repräsentationalität und Bewusstsein zu entwickeln, als einen entscheidenden Sprung auf eine neue Ebene von Eigenschaften natürlicher Gegenstände ansehen, die weder ontologisch noch theoretisch als identisch mit jenen physischen Eigenschaften angesehen werden können, die in Physik, Chemie und Biologie analysiert werden. Dieser Sprung ist mit dem Auftreten genuiner Normativität (3.145) verknüpft und kann daher nur unter Rückgriff auf ein intentionalistisches Vokabular (3.107 (2)) beschrieben und erklärt werden, das nicht auf das physikalistische Vokabular (3.107 (2)) reduziert werden kann.

# 10. Philosophie der Sprache

Die moderne Philosophie der Sprache beschäftigt sich nicht mit allen Arten von Sprachen. Es gibt künstliche Sprachen wie die Sprache der formalen Logik (vgl. Grundkurs Philosophie Band 1), Esperanto oder die sogenannten Computersprachen. Es gibt auch Sprachen, mit denen einige Tiere zu kommunizieren scheinen (»Tiersprachen«). Wir Menschen sind die einzigen Geschöpfe auf dieser Erde, die nicht nur künstliche Sprachen erschaffen, sondern natürliche Sprachen wie Deutsch, Japanisch, Suaheli, Alt-Aztekisch oder Französisch meistern. Die moderne Philosophie der Sprache ist primär eine Philosophie der natürlichen Sprache.

## 10.1 Theorie der natürlichen Sprache

### *Die Idee einer natürlichen Sprache*

Natürliche Sprachen sind humanspezifische, kulturell entstandene und tradierte Sprachen, die eine grammatische Struktur aufweisen. Doch das wichtigste Merkmal natürlicher Sprachen und ihrer Komponenten (der sprachlichen Zeichen) ist wie im Falle mentaler Zustände ihre Repräsentationalität, also die Tatsache, dass sie semantische, propositionale Gehalte aufweisen (3.132, 3.133, 3.156). Eines der wichtigsten Gebiete der modernen *Sprachphilosophie* ist daher eine *Semantik natürlicher Sprachen.*

Den Ausdruck *Semantik* verwenden wir von jetzt an in anderem Sinne als in der Logik, in der eine Semantik schlicht eine Bedeutungsangabe für bestimmte Arten von Ausdrücken ist, z.B. die Semantik logischer Junktoren (1.32). Von jetzt an verstehen wir unter einer *Semantik* eine volle *Theorie der Bedeutung sprachlicher Zeichen.* Diese

Theorie setzt vor allem eine Unterscheidung zwischen Referenz und Bedeutung voraus (vgl. 1.10 und 3.156 (1)(a)-(b)). Allerdings ist alles andere als klar, was überhaupt Bedeutungen sind. Wir werden uns im folgenden Kapitel mit den wichtigsten semantischen Theorien beschäftigen, die ein wenig mehr Licht in dieses Dunkel zu bringen versuchen. Die klassische Semantik, die in der ersten Hälfte des 20. Jahrhunderts entwickelt wurde, hat sich an der Idee künstlicher formaler Sprachen orientiert, wie sie z. B. in der formalen Logik aufgebaut werden. Neuere semantische Theorien knüpfen dagegen an das Konzept einer externalistischen Theorie der semantischen Gehalte und Bedeutungen an, wie wir sie in Gestalt der Teleosemantik für den nicht-sprachlichen Bereich bereits im vorangegangenen Kapitel kennen gelernt haben.

Die unter Tieren verbreitete Form der Kommunikation beruht auf Mimik, Köperhaltung und Gestik, zum Teil auch auf akustischen Signalen als expressiven Zeichen für emotionale Zustände wie Aggressivität oder Angst. Diese Zeichen, die von anderen Tieren *als* Zeichen für emotionale Zustände verstanden werden können, nennt man neuerdings auch *Kommunikationsdisplays*, denn sie unterliegen keiner willentlichen Kontrolle, werden nicht erlernt, sind eng an lebenswichtige Emotionen gekoppelt und werden zwar als Informationen genutzt und adaptiv verwertet, sind aber nicht mit der Absicht korreliert, die Informationen anderen Tieren verfügbar zu machen. Auch akustische Signale wie etwa Warnrufe sind Kommunikationsdisplays, denn sie sind nicht an bestimmte Individuen gerichtet, sondern werden unterschiedslos verbreitet. Das Verstehen der Kommunikationsdisplays beschränkt sich darauf, genetisch dazu disponiert zu sein, zu wissen, was auf diese Displays folgt (etwa das Nahen eines Raubfeindes). Kommunikationsdisplays bilden die tierische Vorstufe natürlicher Sprachen.

Menschenaffen scheinen allerdings über die kommunikative Verwendung bloßer Kommunikationsdisplays hinauszukommen. Denn Menschenaffen setzen Signale zum Teil flexibel, strategisch und kontrolliert ein, um Verhalten und mentale Zustände anderer Tiere zu steuern. Insofern handelt es sich um *intentionale Signale*, die absichtlich verwendet werden. Mittels Kommunikationssignalen haben Menschenaffen in freier Wildbahn eine *intentionale Kommunikation* entwickelt: Der Signalgeber sendet Kommunikationssignale an den Adressaten, der seinerseits die Signale als Information erkennt und sich dementsprechend auf bestimmte Weise verhält. Diese intentionale Kommunikation wird von Menschaffen nicht stimmlich, sondern gestisch vollzogen. Insbesondere benutzen Menschenaffen im Rahmen ihrer intentionalen Kommunikation auch Gesten, die *Aufmerksamkeitsfänger* sind, die also Aufmerksamkeit anderer Menschenaffen auf den Signalgeber lenken sollen. Die intentionale Kommunikation der Menschenaffen scheint ein Zwischenglied zwischen der tierischen Verwendung von Kommunikationsdisplays und menschlichen natürlichen Sprachen darzustellen. Im übrigen können einige Schimpansen und Bonobos nach jahrelangem Training Elemente natürlicher Sprachen erlernen, z. B. einzelne Begriffe anwenden, einfache Befehle verstehen und Zweiwortsätze ohne grammatische Struktur mit Hilfe von Computern formulieren (wie Menschenkinder auf akustische Weise bis zu einem Alter von zwei Jahren).

Im übrigen können einige Schimpansen und Bonobos nach jahrelangem Training Elemente natürlicher Sprachen erlernen, z. B. einzelne Begriffe anwenden, einfache Befehle verstehen und Zweiwortsätze ohne grammatische Struktur mit Hilfe von Computern formulieren (wie Menschenkinder auf akustische Weise bis zu einem Alter von zwei Jahren).

Auch wir Menschen kommunizieren keineswegs nur auf sprachliche Weise, denn wir verständigen uns zum Teil ähnlich wie einige Tiere mit Hilfe von Gestik, Mimik oder

Körperhaltung. Vor allem aber bringen wir eine Reihe von kognitiven Bedingungen für Sprachfähigkeit mit, die sich auch auf die Kennzeichen natürlicher Sprachen auswirken.

### *Kognitive Bedingungen und Kennzeichen natürlicher Sprachen*

Die Linguistik unterscheidet sprachliche Kommunikation (Kommunikation in einer Lautsprache durch Verwendung des Sprachsystems), parasprachliche Kommunikation (Kommunikation durch Laute ohne Verwendung des Sprachsystems) und nicht-sprachliche Kommunikation (Kommunikation durch andere Medien als Laute oder Lautsprache). Die *parasprachliche Kommunikation* wird meist in Verbindung mit sprachlichen Äußerungen deutlich, denn tonale Dynamik, Tempo, Lautstärke, Timbre, Tonhöhe und Pausen lassen vieles über die emotionale Verfassung der Sprecherin erkennen. Die nicht-sprachliche Kommunikation greift auch unter Menschen auf Mimik, Gestik, Haltung und Proxemik (= räumliche Distanz) zurück. Doch sind die Verweisungsfunktionen dieser expressiven Zeichen unter Menschen zum Teil kulturabhängig. Im angelsächsischen Sprachraum wenden die Hörer beispielsweise den Blick vom Sprecher ab, wenn sie von ihm kritisiert werden. Doch in hispanischen Kulturen gilt dieselbe Geste als Zeichen des Respekts gegenüber dem Sprecher. In Kommunikationen unter erwachsenen Menschen ist der Anteil der sprachlichen Kommunikation weit geringer als der Anteil der nicht-sprachlichen Kommunikation.

Das Lernen und Meistern natürlicher Sprachen scheint also auf *vorsprachlichen kognitiven* Fähigkeiten zu beruhen, die – wie der Psychologe und Anthropologe Michael Tomasello festgestellt hat – bereits in der frühkindlichen Entwicklung (= *Ontogenese*) kognitiver Fähigkeiten sichtbar werden.

Wenn ein kleines Kind von einem Erwachsenen lernen soll, dass der sprachliche Ausdruck »Ball« sich auf einen Ball bezieht, den das Kind sehen kann, dann muss der Erwachsene auf den Ball zeigen und »Ball« sagen. Aber zusätzlich müssen natürlich beide gemeinsam auf den Ball schauen, *und* das Kind muss erkennen, dass der Erwachsene auf den Ball schaut, ebenso wie der Erwachsene erkennen muss, dass das Kind auf den Ball schaut. Allgemein formuliert: Sprachliche Referenz (1.10) kann nur dann gelernt werden, wenn Kinder und Erwachsene ihre Aufmerksamkeit *gemeinsam* auf einen dritten Gegenstand richten *und* erkennen können, dass die jeweils andere Person ihre Aufmerksamkeit auf den Gegenstand richtet. Damit wird in einer Art von *kognitiver Triangulation* eine *gemeinsame, geteilte intentionale Ausrichtung auf die Welt* (3.133 (4)) hergestellt.

Wenn die Triangulation eine Grundlage für Sprachlernen sein soll, muss sie als ein »Spiel« verstanden werden, das verschiedene *austauschbare Mitspielerrollen* hat. Das Kind lernt ein neues Wort u. a. dadurch, dass es lernt, mit der Verwendung dieses Wortes die Aufmerksamkeit des Erwachsenen in *derselben* Weise zu lenken, wie der Erwachsene mit diesem Wort die Aufmerksamkeit des Kindes gelenkt hat. Und dafür wiederum ist vorausgesetzt, dass Kinder verstehen, dass Erwachsene gewisse Geräusche machen in der *kommunikativen Absicht*, die Aufmerksamkeit der Kinder zu lenken. Das Erkennen einer kommunikativen Absicht bedeutet, eine Verhaltensabsicht *in Bezug auf die eigene Aufmerksamkeit* zu erkennen (Experimente zeigen, dass bereits zwei- bis dreijährige Kinder kommunikative Absichten erkennen). Imitativer Rollentausch und Erkenntnis kommunikativer Absichten sind also weitere kognitive Fertigkeiten, die für das Meistern natürlicher Sprachen unabdingbar sind. Kleine Menschenkinder bilden diese Fertigkeiten in einem Alter von 18 bis 24 Monaten aus.

Diese Entwicklung kulminiert bei erwachsenen Menschen in der *kooperativen Kommunikation*, die mehrere Komponenten involviert:

(a) *Zeigegesten und Gebärdenspiel* – die beiden Grundformen menschlicher Gesten. Zeigegesten (*deiktische Gesten*) lenken die Aufmerksamkeit des Adressaten auf Dinge in der unmittelbaren Wahrnehmungsumgebung. Gebärden (*ikonische Gesten*) lenken die Aufmerksamkeit des Adressaten dagegen durch Simulierung von Handlungen oder Gegenständen auf Dinge, die nicht präsent sind.

(b) *Verstehen anderer Menschen als kooperative Akteure*, das zwei Elemente voraussetzt: eine kognitive Fähigkeit zur Erzeugung gemeinsamer Aufmerksamkeit und Intentionen sowie eine soziale Motivation zum Helfen und Teilen von Intentionalität (3.133).

(c) Ein *gemeinsamer epistemischer Hintergrund*: Nur aufgrund dieses Hintergrundes können einfache Gesten auf komplexe Sachverhalte verweisen. Es ist die menschliche kognitive Fähigkeit, eine gemeinsame Aufmerksamkeit und Intention zu produzieren, die diesen Hintergrund generiert.

(d) Die *soziale Motivation menschlicher Kommunikation*, die aus drei grundlegenden Motiven für Kommunikation besteht: zum einen das Auffordern (P will, dass P* etwas tut, das für P nützlich und hilfreich ist); ferner das Informieren und Helfen (P will, dass P* von etwas Kenntnis nimmt, weil P annimmt, dass diese Information für P* interessant oder hilfreich ist); und schließlich das Teilen von Gefühlen und Einschätzungen (P hat eine bestimmte Einstellung oder Gefühlslage EG und will, dass P* EG mit P teilt).

(e) *Kommunikative Absichten mit wechselseitigen Annahmen der Hilfsbereitschaft*, deren Ziel es ist, den

Adressaten wissen zu lassen, dass der Signalgeber seine Gesten oder Laute an ihn richtet und ihm Hilfe anbieten will. Dabei müssen beide eine wechselseitige Hilfsbereitschaft unterstellen.

Die Komponenten (a)–(e) machen die *psychische Infrastruktur der menschlichen Kommunikation* aus, die als zentrale Bedingung für das Meistern (den Erwerb, das Sprechen und das Verstehen) natürlicher Sprachen gelten kann.

**3.155** *Kognitive Bedingungen für Sprachfähigkeit*

(1) Das Lernen und Meistern natürlicher Sprachen beruht auf *vorsprachlichen kognitiven* Fähigkeiten, die sich bereits bei Säuglingen zeigen, unter anderem
   (a) im Rahmen einer Triangulation Kind-Erwachsener-Objekt geteilte Aufmerksamkeit herzustellen und Absichten von Artgenossen zu erkennen;
   (b) einen imitativen Rollentausch mit anderen geistigen Wesen vorzunehmen;
   (c) die kommunikativen Absichten anderer Personen zu erkennen;
   (d) andere Menschen als geistige Wesen, wie man selbst eines ist, zu betrachten.

(2) Die in (1) umrissenen kognitiven Fähigkeiten entwickeln sich bis zum Erwachsenenalter zur *kooperativen Kommunikation* als psychische Infrastruktur für sprachliche Fähigkeiten, die zurückgreift auf
   (a) Gesten zur Lenkung der Aufmerksamkeit anderer geistiger Wesen,
   (b) eine soziale Motivation zum Helfen mittels geteilter Aufmerksamkeit und übermittelten Informationen,

(c) einen gemeinsamen Wissenshintergrund von Sprecher (Lehrer) und Hörer (Kind) über zu benennende Objekte,
(d) eine Korrelation der Erkenntnis kommunikativer Absichten mit wechselseitiger Hilfsbereitschaft.

Auf der Grundlage dieser kognitiven Bedingungen haben sich natürliche Sprachen entwickelt, die eine sprachliche Kommunikation ermöglichen. Die sprachliche Kommunikation, die sich natürlicher Sprachen bedient, weist im Vergleich zur Kommunikation unter Tieren und zur nichtsprachlichen Kommunikation unter Menschen eine Reihe faszinierender Merkmale auf, die teils *semantischer*, teils *syntaktischer* und teils *pragmatischer* Natur sind. Diese Merkmale hängen zum Teil von der Korrelation mentaler Repräsentationen mit sprachlichen Zeichen ab. Damit wird zugleich der enge Zusammenhang zwischen der Philosophie des Geistes und der Philosophie der Sprache deutlich. Wie wir gesehen haben (3.132–3.138), sind sprachliche Zeichen und demnach die Komponenten natürlicher Sprachen auf der semantischen Ebene (also der Ebene der semantischen Gehalte und Bedeutungen) natürliche Zeichen mentaler Repräsentationen. Diese Zeichen sind durch semantische Netzwerke gekennzeichnet, von denen propositionale Gehalte gestiftet werden. Die propositionalen Gehalte weisen Intensionalität und Normativität auf. Außerdem sind sie holistisch, logisch und rational organisiert. Auch sprachliche repräsentationale Zeichen sind durch diese Merkmale gekennzeichnet, während der tierischen und menschlichen nicht-sprachlichen Kommunikation nichts dergleichen zukommt. Die hohe Komplexität der Semantik natürlicher Sprachen involviert die Bildung fein differenzierter semantischer Gehalte und damit eine sehr präzise Ausdrucks- und Beschreibungsmöglichkeit.

Ein weiteres humanspezifisches Merkmal natürlicher Sprachen ist ihre grammatische Struktur, etwas allgemeiner formuliert: ihre rekursive Syntax (1.41(1)), die es erlaubt, die syntaktischen Regeln immer wieder auf bereits syntaktisch korrekt gebildete Sprachteile anzuwenden. Auf diese Weise können mit endlichen syntaktischen Mitteln unendlich viele verschiedene Sätze gebildet werden. Und schließlich werden sprachliche Zeichen fast immer in bestimmten praktischen Kontexten verwendet. Einer dieser pragmatischen Aspekte ist der psychische Modus oder Sprechakt (3.133 (3)) von Sätzen natürlicher Sprachen. Diese bemerkenswerten Kennzeichen natürlicher Sprachen sollen im Rest dieses Kapitels genauer betrachtet werden.

Die Komplexität der sprachlichen Kommunikation lässt sich bereits an kleinen alltäglichen Beispielen ablesen. Nehmen wir beispielsweise an, Marion sagt zu Sven: »Du bist im letzten Jahr überhaupt nicht mehr auf meine Wünsche und Bedürfnisse eingegangen, daher möchte ich mich von Dir trennen.« Welche Kennzeichen machen diese Folge von Lauten zu einer *sprachlichen* Äußerung, z. B. im Vergleich zu einer nicht-sprachlichen Äußerung in Gestalt einer traurigen Miene und depressiven Körperhaltung? Einige der wichtigsten Kennzeichen sind die folgenden:

(a) Marion bezieht sich auf einen vergangenen Sachverhalt (Svens Rücksichtslosigkeit) und auf einen künftigen Sachverhalt (Trennung).
(b) Marion bringt zum Ausdruck, dass Sven im letzten Jahr überhaupt nicht mehr auf ihre Wünsche und Bedürfnisse eingegangen ist und sie sich daher von im trennen möchte.
(c) Marions Satz ist grammatisch korrekt gegliedert.
(d) Die Bedeutung des ganzen von Marion geäußerten Satzes ist abhängig von den Bedeutungen seiner grammatischen Teile (Kompositionalität (3.112 (5), 3.156 (1)).

(e) Marions Satz ist eine Handlung (genauer eine Sprechhandlung (3.156 (2)).
(f) Marions Satz drückt aus, was Marion denkt, wie sie Sven beurteilt, und was sie vorhat.
(g) Marion wendet sich an Sven, sie will ihm etwas mitteilen.
(h) Marion will Sven darüber informieren, was sie von ihm denkt und was geschehen wird.
(i) Marion klagt Sven an und distanziert sich von ihm.
(j) Marion verändert die soziale Beziehung und Kooperation zwischen ihr und Sven.
(k) Marion begründet ihre Absicht, sich von Sven zu trennen.

Die Begründungsstruktur vieler sprachlicher Äußerungen und Texte (Kennzeichen (k)) ist ein Indiz für die *rationale Dimension der Sprache*. Wir hatten bereits gesehen, dass vernetzte mentale Repräsentationen meist logisch und rational organisiert sind (vgl. 3.137 zum semantischen Holismus und 3.138 zum logischen Raum der Gründe). Die kommunikative Funktion der Sprache (Kennzeichen (g), (h), (j)) macht deutlich, warum die Sprache die überwiegend rationale Struktur der semantischen Netzwerke von den mit sprachlichen Einheiten korrelierten mentalen Repräsentationen erben muss. Nehmen wir an, Cornelius sagt zu seinem Freund: »Ich möchte ein guter Mensch werden und möglichst viele Menschen grausam behandeln. Daher verspreche ich Dir, Dich gestern um Dein gesamtes Geld betrogen zu haben.« Was will Cornelius seinem Freund mit dieser Aussage kommunikativ vermitteln? Das ist schwer zu sehen. Wenn Cornelius ein guter Mensch werden will, dann sollte er *nicht* beabsichtigen, andere Menschen grausam zu behandeln. Und versprechen kann man zukünftige, nicht aber vergangene Handlungen. Cornelius' Absicht und sein Sprechakt des Versprechens sind widersprüchlich. Außerdem ist die mit »daher« angezeigte Begründung des zweiten Teilsatzes durch den ersten Teilsatz nicht nachvollziehbar. Selbst wenn Cornelius sein Versprechen reformulieren und einen künftigen Betrug ankündigen würde, bleibt die Begründung undurchsichtig. Wenn Cornelius beabsichtigt, andere Menschen grausam zu behandeln, dann macht die Begründung einen Sinn – aber nicht dann, wenn er ein guter Mensch werden will. Was also beabsichtigt er wirklich, und will er überhaupt etwas versprechen? Was will er überhaupt mit seiner Äußerung sagen? Auf diese Fragen gibt es ohne zusätzliche Informationen keine Antwort. Wenn wir mit der Sprache erfolgreich kommunizieren wollen, dann müssen unsere sprachlichen Äußerungen und Texte verstehbar sein, und verstehbar können sie nur dann sein, wenn sie überwiegend konsistent (also widerspruchsfrei) sind und gegebenenfalls gute Begründungen darstellen – kurz, wenn sie überwiegend rational sind.

Wie tief die Rationalität in sprachlichen Kommunikationen verankert ist, zeigt folgendes Beispiel. Betrachten wir die Sätze:

(a) Schützen sind meist treffsicher.
(b) Schützen ist eine Tätigkeit, die sich auf Objekte oder Personen richtet.
(c) Schützen ist meist treffsicher.

Sätze (a) und (b) sind ohne Weiteres verstehbar und bereiten daher in der sprachlichen Kommunikation keine Probleme. Satz (c) ist dagegen unverständlich und würde die sprachliche Kommunikation stören. Interessant ist der Grund für diese Problematik. Es ist offensichtlich, dass der Ausdruck »Schützen« in den Sätzen (a) und (b) zweideutig verwendet wird. In (a) handelt es sich um Personen, in (b) um eine Tätigkeit. Darauf ist die syntaktische Struktur dieser Sätze *konsistent* zugeschnitten. Denn »sind« in (a) verweist auf ein Nomen im Plural, »ist« in (b) verweist auf einen Singular. Satz (c) ist deshalb unverständlich, *weil seine Syntax seiner Semantik widerspricht.* Semantisch erfordert »treffsicher« einen Bezug auf Schützen als Personen; syntaktisch hingegen verweist »ist« auf das Schützen als Tätigkeit. Eine der wichtigsten Bedingungen für eine reibungslose sprachliche Kommunikation ist also die Konsistenz von syntaktischer Struktur und Bedeutung der verwendeten Sätze, also – allgemein formuliert – von sprachlicher Syntax und sprachlicher Semantik.

Fassen wir diese Beobachtungen zusammen:

**3.156** *Wichtige Kennzeichen natürlicher Sprachen*

(1) Eine *natürliche Sprache* besteht aus Äußerungen, die
   (a) auf etwas in der Welt referieren, d. h. sich auf Dinge, Eigenschaften oder Sachverhalte beziehen (*Weltbezug*);
   (b) etwas repräsentieren, d. h. einen semantischen Gehalt haben (im Falle von Sätzen heißt das, was sie ausdrücken, auch *Proposition*) (*Inhalt*);
   (c) durch eine rekursive Syntax gegliedert sind (die *Grammatik*);
   (d) die Bedeutung der syntaktisch komplexen sprachlichen Ausdrücke abhängig machen von den Bedeutungen der syntaktischen Elemente ihrer komplexen Ausdrücke (*Kompositionalität*);
   (e) Sprechakte bilden.

(2) *Sprachliche Zeichen*
   (a) drücken im allgemeinen aus, und sind daher natürliche Zeichen dafür, was die Sprecherin denkt (*Bezug auf den Geist*);
   (b) wenden sich an einen Hörer oder Leser, der die sprachlichen Zeichen verstehen soll (*kommunikative Funktion*);

(c) dienen der Information des Hörers darüber, was der Sprecher denkt, und darüber, was der Fall ist, wenn der Sprecher die Wahrheit sagt (*informative Funktion*);
(d) involvieren einen Sprechakt, der auf einen psychischen Modus zurückgeht (*Bindung an mentale Einstellungen der Sprecherin zur Sprechhandlung*);
(e) erleichtern aufgrund ihrer kommunikativen und informativen Funktion die soziale Zusammenarbeit (*phatische* und *kooperative Funktion*).

(3) *Sprachliche Kommunikation*
(a) erleichtert aufgrund ihrer kommunikativen Absicht und informativen Funktion die soziale Zusammenarbeit (*kooperative Funktion*). für die soziale Kooperation,
(b) ermöglicht Lehr- und Lernkontexte und damit eine kumulative Kultur (5.278) mit Wagenhebereffekt, und
(c) ist nur dann erfolgreich, wenn sprachliche Äußerungen und Texte überwiegend rational organisiert sind (d. h. überwiegend konsistent und gut begründet sind).

### *Konversationsmaximen und sprachliche Bedeutungen*

Wenn wir etwas sprachlich zum Ausdruck bringen, dann meinen wir meist mehr, als wir sagen. Wir bringen zum Ausdruck, *was* wir denken und *was* (nach unserem Wissensstand) der Fall ist – das ist die *repräsentationale, semantische Dimension der Sprache* (vgl. 3.156 (1) (a), (b), (d), (f)). Aber zugleich *tun* wir etwas mit sprachlichen Ausdrücken – wir vollziehen eine *Sprechhandlung* und *verwenden* sprachliche Ausdrücke. Das ist die *pragmatische Dimension der Sprache* (vgl. 3.156 (1)(e), (2)(b), (c), (e), (3) (c)). Die sprachliche Pragmatik ist eine grundlegende Komponente der Verwirklichung unserer kommunikativen Absichten und einer erfolgreichen sprachlichen Kommunikation. Wir müssen die sprachliche Pragmatik daher noch ein wenig genauer studieren.

Angenommen, Marion sagt zu ihrem Freund Dario, dass sie dringend Kartoffeln kaufen muss, und Dario antwortet: »Gleich um die Ecke ist ein Supermarkt.« Wäre der Supermarkt um die Ecke jedoch gerade geschlossen, so wäre Darios Antwort für Marion *nicht relevant*, und die sprachliche Kommunikation zwischen Marion und Dario würde nicht zu einer sozialen Kooperation führen. Nehmen wir an, dass alle Philosophen den Idealismus ablehnen. In einer philosophischen Diskussion könnte jemand sagen: »Viele Philosophen lehnen den Idealismus ab.« Diese Bemerkung ist wahr und vereinbar damit, dass alle Philosophen den Idealismus ablehnen. Doch der Sprecher hätte mit seiner Bemerkung keine optimale Information geliefert, und die weitere Diskussion würde unter falschen Prämissen leiden. Wenn Jürgen sagt: »Platon war ein brillanter Philosoph«, aber tatsächlich meint, dass Platon ein schlechter Philosoph war, dann bringt Jürgen mit diesem Hinweis seinen kommunikativen Adressaten zu falschen Schlussfolgerungen, z. B. dazu, dass Jürgen wirklich meint, dass Platon ein brillanter Philosoph war, ferner dass Jürgen ihm empfehlen möchte, Platon zu lesen, und zwar sorgfältig und genau, und dass ihm die Platonlektüre viel für sein Philosophiestudium bringt. Das wäre wohl kaum ein gutes Beispiel von sozialer Kooperation. Dies gilt auch dann, wenn sich der Sprecher uneindeutig äußert, indem er z. B. mehrdeutige oder extrem vage Begriffe verwendet, so dass die Hörer nicht genau wissen, was er sagen will. Sprachliche Kommunikation gelingt, wie vor allem Paul Grice gezeigt hat, nur dann, wenn die Sprecher Maximen (= Regeln) befolgen, die all diese Nachteile vermeiden:

3.157 *Konversationsmaximen*

Erfolgreiche sprachliche Kommunikation, die zu einer vorteilhaften sozialen Kooperation beiträgt, setzt die Befolgung folgender vier Konversationsmaximen voraus:
(M1) Mache Deinen Gesprächsbeitrag so informativ wie nötig (Maxime der Quantität).
(M2) Sage nichts, von dem Du glaubst, dass es falsch ist, und sage nichts, für das Du keine hinreichenden Gründe hast (Maxime der Qualität).
(M3) Sage nur Relevantes (Maxime der Relation).
(M4) Vermeide Unklarheit und Mehrdeutigkeit (Maxime der Modalität).
(2) In sprachlichen Kommunikationen dürfen die Hörer erwarten, dass die Sprecher die Konversationsmaximen befolgen, und die Sprecher kennen diese Erwartungen (vgl. 3.156 (2)(e)).
(3) Die Befolgung der Konversationsmaximen ist eine grundlegende *Komponente der rationalen Verwendung von Sprache* (vgl. 3.156 (3)(c)).

Der Vater sagt zu seiner Tochter:

(S) »Du hast heute noch nicht Mathematik geübt!«

Was sagt und meint der Vater mit dieser sprachlichen Äußerung? Das, was er tatsächlich sagt, geben wir an, indem wir exakt den gesagten Satz in einer Dass-Klausel wiedergeben, also den propositionalen Gehalt angeben:
(SB) Der Vater hat gesagt, dass du heute noch nicht Mathematik geübt hast (Angabe der *Satzbedeutung* von (S)).

Doch es handelt sich um einen bestimmten Vater und eine bestimmte Tochter, und der Satz wird an einem bestimmten Tag gesagt. Was der Vater *genauer* sagt, wird deutlich, wenn wir die indexikalisch offenen Wörter »der Vater«, »seine Tochter« und »heute«, die ihre Bedeutung durch den jeweiligen Kontext der Äußerung erhalten, kontextfrei reformulieren, etwa so:

(WB) Franz Maier hat am 11.1.2011 zu seiner Tochter Angela gesagt, dass sie am 11.1.2011 noch nicht Mathematik geübt hat (Angabe der *wörtliche Bedeutung* von (S)).

Zweifellos *stellt* Franz Maier mit seiner Äußerung *fest*, dass seine Tochter Angela am 11.1.2011 noch nicht Mathematik geübt hat. Er *verwendet* den gesagten Satz also deskriptiv (1.1, (1)). Aber würde er den Satz *nur* deskriptiv verwenden, so wäre seine Äußerung weitgehend witzlos. Denn damit würde er seiner Tochter nichts Relevantes mitteilen – Angela weiß schließlich selbst ganz genau, dass sie noch nicht Mathe geübt hat (Franz Maier würde also die Konversationsmaxime M3 verletzen). Tatsächlich *verwendet* Franz Maier den gesagten Satz aber auch *expressiv* (1.1, (2)) und *appellativ* (1.1, (3)). D. h., er möchte mit dem gesagten Satz einerseits seiner Missbilligung darüber Ausdruck verleihen, dass Angela am 11.1.2011 noch nicht Mathematik geübt hat, und andererseits an Angela appellieren und sie dazu bringen, an diesem Tag doch noch Mathematik zu üben. D. h.:

(ÄB) Franz Maier hat am 11.1. 2011 zu seiner Tochter Angela gesagt, dass sie am 11.1.2011 noch nicht Mathematik geübt hat, und damit auch ausgedrückt, dass er Angelas Verhalten missbilligt, und sie dazu aufgefordert, noch Mathematik zu üben (Angabe der *Äußerungsbedeutung* von (S)).

**3.158** *Satzbedeutung, wörtliche Bedeutung, Äußerungsbedeutung*

(1) Die *Satzbedeutung* eines Satzes ist sein (gegebenenfalls indexikalisch offener) propositionaler Gehalt.
(2) Die *wörtliche Bedeutung* eines Satzes ist sein indexikalisch bereinigter propositionaler Gehalt.
(3) Die *Äußerungsbedeutung* eines Satzes ist seine wörtliche Bedeutung, ergänzt durch die Angabe der spezifischen Verwendungsweisen (Sprechakte) des Satzes.

### *Sprechakte und Implikaturen*

Die Verwendungsweisen einer sprachlichen Äußerung – also die Arten von Sprechhandlungen – sind *Sprechakte* (1.1, 3.133 (3), 3.156 (1) (e)). Die Äußerung (S) ist nicht nur ein Ausdruck mit propositionalem Gehalt (ein *lokutionärer* Akt). Vielmehr ist (S) in unserem Beispiel auch mit drei der grundlegendsten Sprechakte korreliert. Diese Sprechakte sind:

- der *deskriptive Sprechakt* (*Feststellung*),
- der *expressive Sprechakt* (*Sprechereinstellung*) und
- der *appellative Sprechakt* (*Veranlassung zum Handeln*).

Deskriptiver und expressiver Sprechakt werden auch *illokutionärer Akt* genannt, während der appellative Sprechakt auch *perlokutionärer Akt* genannt wird. Ein wichtiger Unterschied zwischen illokutionären und perlokutionären Sprechakten besteht darin, dass illokutionäre Sprechakte aufgrund einer Sprachkonvention auch explizit formuliert *und damit* erfolgreich vollzogen werden können. Dies gilt für perlokutionäre Sprechakte nicht. So ist der Satz »Dieses

Medikament ist schädlich« ein illokutionärer Sprechakt des Behauptens und auch des Bewertens, der auf der Sprachkonvention des Behauptens und Bewertens beruht und mit dem Satz »Ich behaupte, dass dieses Medikament schädlich ist und bewerte dieses Medikament negativ« explizit formuliert und erfolgreich vollzogen worden ist. Dasselbe gilt etwa für den illokutionären Sprechakt des Versprechens. Dagegen kann man z. B. den perlokutionären Sprechakt der Handlungsveranlassung nicht schon dadurch erfolgreich vollziehen, dass man ihn explizit formuliert. Allein durch die Äußerung »Hiermit veranlasse ich Sie, Frau Merkel, als Kanzlerin mit der SPD zu koalieren« haben wir Frau Merkel nicht schon dazu gebracht, mit der SPD zu koalieren. Neben dem deskriptiven und expressiven Sprechakt gibt es weitere Arten illokutionärer Akte, so etwa kommissive Sprechakte (z. B. versprechen, ankündigen, drohen), deklarative Sprechakte (z. B. Krieg erklären, kündigen) oder direktive Sprechakte (z. B. raten, erlauben).

**3.159** *Sprechakte*

(1) *Sprechakte* sind Formen der Verwendung sprachlicher Äußerungen und Sätze, also Arten von Sprechhandlungen.

(2) Zu den grundlegenden Sprechakten gehören der *deskriptive Sprechakt* (Feststellung), der *expressive Sprechakt* (Realisierung der Sprechereinstellung) und der *appellative Sprechakt* (Veranlassung zum Handeln).

(3) Sprechakte, die aufgrund einer Sprachkonvention explizit formuliert und damit erfolgreich vollzogen werden, heißen *illokutionäre (Sprech-)Akte*. Sprechakte, die allein aufgrund ihrer expliziten Formulierung noch nicht erfolgreich vollzogen sind, heißen *perlokutionäre (Sprech-)Akte*.

(4) Zu den illokutionären Sprechakten zählen
  (a) deskriptive Sprechakte (Person S behauptet, dass p),
  (b) expressive Sprechakte (S hat die mentale Einstellung E zu Tatsache p),
  (c) deklarative Sprechakte (S verkündet (deklariert), dass p),
  (d) kommissive Sprechakte (S kündigt an, dass p), und
  (e) direktive Sprechakte (S empfiehlt, dass p).

Die Äußerungsbedeutung eines Satzes wird dann nicht erwähnt, wenn der Satz gesprochen oder geschrieben wird, und ist daher ein Beispiel dafür, dass wir oft mehr meinen, als wir sagen. Die Äußerungsbedeutung *folgt* aus dem gesagten Satz und dem Kontext, in dem er gesprochen wird, doch handelt es sich dabei nicht um einen logisch gültigen Schluss (1.22), sondern um eine ergänzende Korrelation, die sich auf Sprechakte bezieht. Allgemein formuliert: Wenn ein Sprecher einen Satz »p« äußert und über die wörtliche Bedeutung von »p« hinaus noch »q« meint, ohne dass »q« aufgrund eines logisch gültigen Schlusses aus »p« folgt, dann heißt »q« *Implikatur* aus »p«. Betrachten wir einige weitere Beispiele von Sätzen, die mit Implikaturen einhergehen:

(a) Kannst du mir bitte Kants *Kritik der reinen Vernunft* aus dem Regal holen?
(b) Pauline ist eine Französin, deshalb ist sie charmant!

Die Frage (a) geht mit einer deutlichen Aufforderung einher. Würde der Hörer mit »ja« antworten, ohne sich in Bewegung zu setzen, hätte er diese Implikatur nicht verstanden. Die Implikatur von (a) ist offenbar ein direktiver Sprechakt, auf den das Wort »bitte« auch verweist. Satz (b) setzt voraus, dass alle oder doch die allermeisten Französinnen charmant sind. Diese Implikatur ist kein Sprechakt, sondern eine weitere unausgesprochene Meinung, auf die das Wort »deshalb« verweist (denn ohne diese zusätzliche Meinung wäre dieses Folgerungswort unverständlich). Implikaturen, auf die durch bestimmte Worte samt der mit ihnen verbundenen sprachlichen Konventionen verwiesen wird, heißen *konventionell.* Wenn ein Satz eine konventionelle Implikatur enthält, können wir die entsprechenden Wörter, die auf diese Implikaturen verweisen, dafür verwenden, um die Implikatur zu erschließen.

Doch gibt es auch viele Implikaturen, die nicht durch sprachliche Konventionen zustande kommen und daher auf andere Weise erschlossen werden müssen. Diese Implikaturen heißen *konversationell.* Betrachten wir etwa folgende Beispiele:

(c) Entweder er ist ein Atheist, oder er ist es nicht.
(d) Es ist fertig, wenn es fertig ist.
(e) Die meisten Philosophen lehnen den Idealismus ab.
(f) Heute ist Martha nicht schlecht gelaunt.
(g) Person S sagt: (g*) Pilcher ist eine großartige Schriftstellerin. Person S* antwortet: (g**) Ja genau, und Franzen ist einer der schlechtesten Schriftsteller des 20. Jahrhunderts.

Sätze (c) und (d) sind Tautologien (also aussagenlogisch wahre Aussagen (1.34)). Eine Implikatur von (c) könnte sein, dass die betreffende Person den Atheismus nur halbherzig vertritt und sich besser für eine klare und eindeutige religiöse Haltung entscheiden sollte. Tautologie (d) ist ein Grundsatz des Verlegens wissenschaftlicher Bücher. Eine ihrer Implikaturen könnte auf eine tolerante, aber vielleicht auch fatalistische Haltung gegenüber wissenschaftlichen Autoren verweisen, die unterstellt, dass diese Chaoten meist bis zuletzt und oft viel zu lange an ihren Texten herumbasteln. Dass Tautologien im Rahmen von sprachlichen Kommunikationen eine Implikatur haben sollten, lässt sich daran erkennen, dass Tautologien für sich genommen in einer Kommunikation weder informativ noch relevant sind. Wer in einer sprachlichen Kommunikation Tautologien äußert, ohne damit zusätzlich eine Implikatur zu meinen, verletzt die Konversationsmaximen (M1) und (M3) (vgl. (3.157)). Da jedoch in sprachlichen Kommunikationen gewöhnlich unterstellt wird, dass die Sprecherinnen die Konversationsmaximen befolgen, lässt sich folgern, dass Tautologien eine Implikatur haben müssen.

Die Sätze (e) und (f) sind konversationelle Implikaturen, die keine Tautologien sind. Satz (e) ist logisch vereinbar mit der Meinung, dass alle Philosophen den Idealismus ablehnen, aber auch mit der Meinung, dass einige Philosophen den Idealismus befürworten. Wäre die erste Meinung die Implikatur von (e), so hätte der Sprecher, wie bereits erwähnt, mit diesem Satz keine optimale Information geliefert und würde die Konversationsmaxime (M1) verletzen. Daher liegt es nahe anzunehmen, dass die zweite der genannten Meinungen die Implikatur von Satz (e) ist. Dasselbe gilt für Satz (f). Logisch gesehen könnte (f) konsistent mit den Meinungen korreliert sein, dass Martha meist bzw. immer gut oder meist schlecht gelaunt ist. Im ersten Fall wäre wieder die Konversationsmaxime (M1) verletzt, also ist wahrscheinlich die zweite Meinung die Implikatur von (f). Im kleinen Dialog (g) endlich registriert S, dass S* mit einem falschen Satz antwortet, denn Jonathan Franzen ist ein herausragender Literatur-Star unserer Zeit. Aber S weiß (so wollen wir unterstellen), dass Franzen ein großartiger Schriftsteller ist, und folglich müsste S unterstellen, dass S* etwas sagt, was er selbst für falsch hält. Damit würde er jedoch die Konversationsmaxime (M2) verletzen. Daher muss S annehmen, dass Satz (g**) eine Implikatur hat, die diese Verletzung vermeidet. Und diese Implikatur ist, dass S* den Satz (g**) ironisch verwendet, also das Gegenteil meint und darauf hinweisen will, dass Satz (g*) falsch ist. Wir sehen also, dass die konversationellen Implikaturen stets durch Verweis auf Konversationsmaximen erklärt und erschlossen werden können.

3.160 *Implikaturen*

(1) Wenn ein Sprecher den Satz »p« äußert und mit diesem Satz über dessen wörtliche Bedeutung hinaus noch »q« meint, ohne dass »q« aufgrund eines logisch gültigen Schlusses aus »p« folgt, so heißt »q« *Implikatur* von »p«.
(2) Äußerungsbedeutungen sind eine Art von Implikaturen.
(3) Wenn »q« eine Implikatur von »p« ist und Wörter in »p« aufgrund der mit ihnen korrelierten sprachlichen Konventionen auf »q« verweisen, so heißt »q« *konventionelle Implikatur* von »p«.
(4) Wenn »q« eine Implikatur von »p«, aber nicht konventionell ist, so heißt »q« *konversationelle Implikatur* von »p«.
(5) Konversationelle Implikaturen beruhen auf der Befolgung der Konversationsmaximen und können daher unter Verweis auf Konversationsmaximen erschlossen werden.

## *Klassische Semantik: Die Bedeutung von Sätzen*

Zur näheren Bestimmung der Bedeutung sprachlicher Zeichen (3.133 (5)) haben wir bisher nur darauf hingewiesen, dass diese Bedeutung darin besteht, dass sprachliche Zeichen wahr-oder-falsch sind und in diesem Sinne Korrektheitsbedingungen aufweisen (3.128, 3.129, 3.132). Die *klassische Semantik* hat diese Bestimmung erstmals klar formuliert, allerdings primär im Blick auf *Sätze* (*Aussagen*). Diese *Semantik* wurde im Rahmen der *Erneuerung des Empirismus* (4.187) zu Beginn des 20. Jahrhunderts in

Form des *logischen Empirismus* auf folgenreiche Weise formuliert. Die entscheidende Grundlage ist die Unterscheidung zwischen analytischen und synthetischen Sätzen (1.20). Diese Unterscheidung diente den logischen Empiristen dazu, ein *Sinnkriterium* für Sätze zu formulieren, also ein Kriterium dafür, dass ein Satz überhaupt sinnvoll ist, d. h. eine Bedeutung hat:

**3.161** *Kernthesen der klassischen Semantik* (*im logischen Empirismus*, 4.194)

(1) Alle *sinnvollen (bedeutungsvollen) Aussagen* sind entweder analytisch oder synthetisch *(Sinnkriterium).*
(2) Es gibt eine klare *Unterscheidung zwischen Fakten und Bedeutungen*, und daher auch eine klare Unterscheidung zwischen Physik und Semantik.
(3) Die Angabe der Bedeutung eines Satzes besteht in der Angabe seiner *Wahrheitsbedingungen (Erfüllungsbedingungen)*, also jener Bedingungen, unter denen er wahr bzw. falsch ist.

Sinnvolle Aussagen können nach 3.161 falsch sein, aber viele traditionelle philosophische Behauptungen, Wertungen und normative Sätze, ästhetische Urteile, religiöse Programme und politische Urteile sind dieser These zufolge sinnlos (bedeutungslos), weil es keine spezifizierbaren und entscheidbaren Wahrheitsbedingungen gibt, unter denen sie wahr oder falsch sind.

Die klassische Semantik, die man wegen 3.161 (3) auch *wahrheitskonditionale Semantik* nennt, orientierte sich von ihrem Aufbau her an der Vorstellung, dass eine Sprache dadurch charakterisiert werden kann und im idealen Fall auch charakterisiert werden sollte, dass ihre Syntax und Semantik (1.41) getrennt voneinander angegeben werden. Infolgedessen wird die Theorie natürlicher Sprachen an Theorien künstlicher Sprachen orientiert, wie sie meist in der formalen Logik üblich sind. Eine raffiniertere Version der wahrheitskonditionalen Semantik wurde von Rudolf Carnap vorgeschlagen:

**3.162** *Carnap-Semantik*

(1) Die *Welt* ist eine Ansammlung von singulären Tatsachen und daher durch eine Zustandsbeschreibung charakterisierbar. *Eine (zutreffende) Zustandsbeschreibung* der Welt in einer bestimmten Sprache ist schlicht die Konjunktion aller atomaren Sätze (1.5) dieser Sprache, die die singulären Tatsachen der Welt erschöpfend und konsistent beschreiben (inklusive der negativen Sätze, die sagen, was in der Welt nicht der Fall ist).
(2) Ein *Satz* ist *wahr* (für unsere Welt), wenn er in der zutreffenden Zustandsbeschreibung vorkommt.
(3) Eine *veränderte Zustandsbeschreibung* beschreibt eine Ansammlung von Zuständen, in denen sich eine andere als unsere aktuale Welt befinden *könnte*. Eine solche Welt heißt *mögliche Welt* (vgl. auch 2.99).
(4) Ein *Satz* heißt *L-wahr*, wenn er in der zutreffenden Zustandsbeschreibung und in jeder veränderten Zustandsbeschreibung wahr ist (d.h. wenn er in allen möglichen Welten wahr ist). Ein Satz heißt *logisch* bzw. *analytisch wahr* genau dann, wenn er L-wahr ist (1.21).
(5) Zwei Sätze »p« und »q« sind *L-äquivalent*, wenn ihre materiale Äquivalenz (1.32 (5)) »p ⊃ q« L-wahr ist.
(6) Zwei Sätze haben *denselben semantischen Ge-*

*halt*, wenn sie L-äquivalent sind (d. h. wenn sie in allen möglichen Welten dieselbe Extension haben) (1.10).

(7) Nach (6) sind synthetische Sätze *synonym (= bedeutungsgleich)*, falls aus ihnen dieselbe Menge von empirischen Sätzen logisch hergeleitet werden kann.

Weil Äquivalenz, L-Äquivalenz und Identität von Intensionen Äquivalenzrelationen sind, ist mit 3.142 (6) der Intensionsbegriff für Sätze, d. h. der Propositionsbegriff, eingeführt (zum Begriff der Äquivalenzrelation vgl. Übungsaufgabe 3(b)). Von hier aus kann man zu Prädikatoren übergehen, indem man die Prädikatoren als offene Sätze auffasst und analog für sie eine L-Äquivalenz und Identität propositionaler Gehalte definiert. Damit ist der Bedeutungsbegriff im Rahmen der klassischen Semantik auf präzisere Weise eingeführt (*Frege*, einer der wichtigsten klassischen Bedeutungstheoretiker, nennt *Bedeutung*, was heute Bezug oder Referenz heißt, und er nennt *Sinn*, was heute Bedeutung heißt, 1.10).

Die Carnap-Semantik hat eine bemerkenswerte Konsequenz: Sie nimmt nicht nur die grundlegende Idee der wahrheitskonditionalen Semantik auf, dass propositional gehaltvolle Sätze wahr-oder-falsch sind (in 3.162 (2)), sondern betont auch, dass propositionale Gehalte von Sätzen durch semantische Netzwerke definiert sind (in 3.162 (6) – (7)). Dies gilt tatsächlich, wie wir bereits gesehen haben, generell für sprachliche Repräsentationen (3.136–3.138).

### *Die Bedeutung von generellen Begriffen: Schemata und Skripte*

Bisher haben wir die Repräsentationalität und Bedeutung von *Sätzen* und insbesondere von *Aussagen* (1.1) diskutiert. Denn nur Sätze im Sinne von Aussagen können Korrektheitsbedingungen aufweisen und wahr-oder-falsch sein. Dies gilt aber nicht für die grundlegenden Komponenten von Aussagen, nämlich die Prädikatoren (also generelle Begriffe) (1.2) und Nominatoren (singuläre Terme) (1.3), die sich zu einer elementaren Prädikation (1.4) zusammenfügen, die dann tatsächlich wahr-oder-falsch ist. Wie steht es also um die Bedeutung von Prädikatoren und Nominatoren?

Betrachten wir zunächst den Fall der Prädikatoren. Die klassische Antwort der modernen Sprachphilosophie lautete, dass die Bedeutung von Prädikatoren durch ihre Definition angegeben wird (1.10, (2)(b)). Dabei wurde eine Definition als Angabe notwendiger und hinreichender Bedingungen (1.12) betrachtet. Wenn wir z. B. den Menschen definieren würden als vernünftiges Tier, das auf dem Land lebt, dann müssten wir unterstellen, dass wenn ein Ding X ein vernünftiges Tier ist, das auf dem Land lebt, dann auch gilt, dass X ein Mensch ist, und dass wenn ein Ding X ein Mensch ist, dann auch gilt, dass X ein vernünftiges Tier ist, das auf dem Land lebt. Und damit wäre die Bedeutung von »Mensch« angegeben. Die Definitionstheorie der Semantik von Prädikatoren ist sehr restriktiv, aber sie enthält zumindest die interessante Idee, dass die Bedeutung von Prädikatoren durch ihre semantische Beziehung zu anderen Prädikatoren eingekreist werden kann. Carnaps Idee einer Verbindung von propositionalen Gehalten und semantischen Netzwerken von Aussagen kann man also auch auf den Fall der Prädikatoren anwenden: Die Bedeutung eines Prädikators P(x) ist bestimmt durch die Menge aller Folgerungen mit Prädikatoren Q(x) und Q*(x), für die gilt: Q(x) → P(x) und $P(x) \rightarrow Q^*(x)$. Diese ein wenig formalistische Darstellung bringt letztlich die klassische Idee zum Ausdruck, dass die grundlegenden semantischen Netzwerke, die zur Bestimmung der Bedeutung von generellen Begriffen beitragen, in begrifflichen Über- und Unterordnungen bestehen. In der Psychologie werden diese semantischen Netzwerke meist (semantische) *isa-Verbindung* genannt (*isa* steht für »x *is a* y« als Schema für die begriffliche Unterordnung von x unter y bzw. Überordnung von y gegenüber x). Ein Beispiel für ein isa-strukturiertes semantisches Netzwerk wäre:

Ebene 1: Tier → hat Haut, kann sich bewegen, nimmt Nahrung auf, atmet.
Ebene 2: Vogel oder Fisch → Tier.
Ebene 3a: Vogel → hat Flügel, kann fliegen, hat Federn.
Ebene 3b: Fisch → hat Flossen, kann schwimmen, hat Kiemen.
Ebene 4a: Kanarienvogel oder Strauß → Vogel.
Ebene 4b: Hai oder Lachs → Fisch.
Ebene 5a: Kanarienvogel → kann singen, ist gelb.
Ebene 5b: Strauß → hat lange Beine, ist groß, kann nicht fliegen.
Ebene 5c: Hai → kann beißen, ist angriffslustig.
Ebene 5d: Lachs → ist pink, ist essbar, schwimmt zum Laichen stromaufwärts.

In psychologischen empirischen Tests ist allerdings festgestellt worden, dass Menschen, die eine natürliche Sprache meistern, generelle Begriffe oft mit einem erweiterten und reicheren semantischen Netzwerk korrelieren. Der Begriff eines Hauses wird z. B. meist mit folgendem semantischen Netzwerk verbunden:

(1) Häuser sind eine Art von Gebäuden.
(2) Wohnhäuser, Bürohäuser und Fabrikgebäude sind wichtige Arten von Häusern.

(3) Häuser haben Zimmer und Wände, und die Wände haben Fenster und Türen.
(4) Häuser können aus Holz, Ziegeln, Lehm oder Steinen gebaut sein.
(5) Häuser haben meist eckige (sehr häufig viereckige) Formen.
(6) Häuser haben üblicherweise eine Grundfläche von mehr als 10 qm und weniger als 1000 qm und weisen bis zu etwa acht Stockwerke auf.
(7) Häuser dienen der Unterbringung von Menschen, Vorräten und Arbeitsmaterial.

In diesen semantischen Bestimmungen kommen offensichtlich klassische Über- und Unterordnungen vor (vgl. (1) (Überordnung), (2) (Unterordnung)). Aber darüber hinaus werden typische Teile (3), Material (4), geometrische Form (5), ungefähre Größe (6) und Funktion (7) aufgeführt. Diese Merkmalsarten von Begriffen und Kategorisierungen heißen auch *slots* (= Schlitze) und werden im Falle bestimmter Begriffe wie z. B. dem Begriff des Hauses geeignet ausgefüllt.

Gegenstände oder Arten von Gegenständen fallen dann unter ein solches semantisches Netzwerk, wenn sie alle *slots* erfüllen – aber auch dann, wenn sie die meisten *slots* erfüllen. Vögel können fliegen – das ist eines der *slots* in der semantischen Bestimmung von Vögeln. Aber wir bezeichnen auch den Vogel Strauß als Vogel, weil er zwar das Fliegen-*slot* nicht erfüllt, wohl aber die meisten anderen *slots* des Begriffs Vogel. Die typischen Merkmale in den *slots* werden daher auch als *Default-Werte* (Werte, deren Erfüllung auch unterbleiben kann) bezeichnet. Ein semantisches Netzwerk, das aus den genannten *slots* (1)–(7) für generelle Begriffe von Eigenschaften besteht und seine *slots* mit Default-Werten korreliert, heißt *Schema*. Die meisten semantischen Netzwerke, die zur Bestimmung der Bedeutung genereller Begriffe für Eigenschaften beitragen, sind Schemata und nicht lediglich isa-Verbindungen.

Entsprechendes gilt auch für semantische Netzwerke, die mit Begriffen einhergehen, die sich auf Vorgänge beziehen – beispielsweise einen Restaurantbesuch. Zu den *slots* eines Restaurantbesuches zählen die fünf Szenen des Eintreffens, der Bestellung, der Bedienung, des Essens und des Gehens, die ihrerseits wieder aus einigen Elementen bestehen, etwa der Platzsuche beim Eintreffen, dem Lesen der Speisekarte bei der Bestellung, dem Aufdecken des Bestecks bei der Bedienung, der Kombination von Gericht und Getränken beim Essen oder dem Bezahlen vor dem Verlassen des Restaurants. Ein semantisches Netzwerk für Vorgänge mit *slot*-Struktur heißt *Skript*. Die meisten semantischen Netzwerke, die zur Bestimmung der Bedeutung genereller Begriffe für Vorgänge beitragen, sind Skripte und nicht lediglich isa-Verbindungen.

Die kognitive Psychologie hat mit Hilfe von Lese- und Erinnerungstests festgestellt, dass semantische Netzwerke in Gestalt von Schemata und Skripten tatsächlich in unserem Geist und Sprachvermögen implementiert und operativ sind. So springen wir z. B. beim Lesen schneller von Satz zu Satz, wenn dieser Übergang durch ein semantisches Netzwerk vermittelt ist (z. B. von »Peter ist ein Mensch« zu »Peter ist ein Lebewesen«), als wenn dies nicht der Fall ist. Und wenn wir aufgefordert werden, z. B. die Merkmale eines bestimmten Büros anzugeben, das wir wenige Minuten zuvor betreten und dann wieder verlassen haben, dann beschreiben wir meist das volle Schema des Büros, auch wenn dieses Büro ein oder zwei *slots* des Büroschemas nicht erfüllt.

**3.163** *Semantische Netzwerke, Schemata und Skripte*

(1) Die semantischen Netzwerke, die zur Bedeutung eines generellen Begriffs (eines Prädikators (1.2)) beitragen, bestehen zum Teil aus begrifflichen Über- und Unterordnungen ((semantische) *isa-Verbindungen*), d. h. aus allen Folgerungen der Art $Q(x) \rightarrow P(x)$ und $P(x) \rightarrow Q^*(x)$ (wobei $Q(x)$ und $Q^*(x)$ ebenfalls Prädikatoren sind).

(2) Meist enthalten semantische Netzwerke, die zur Bedeutung eines generellen Begriffs beitragen, jedoch über isa-Verbindungen hinaus Angaben zum typischen Material, zur geometrischen Form, zur ungefähren Größe und zur Funktion von P-Dingen. Diese Angaben heißen auch *slots* (Schlitze) des semantischen Netzwerkes. Semantische Netzwerke mit diesen *slots*, die mit generellen Begriffen für Eigenschaften verbunden sind, heißen *Schemata*.

(3) Die Werte (Merkmale), die in die *slots* von Schemata eingetragen werden können, sind *Default-Werte* (d. h. Werte, deren Erfüllung auch unterbleiben kann). Dinge der Art P sind *Prototypen* für Q, wenn die Merkmale von P-Dingen alle *slots* des Schemas von Q erfüllen. Man rechnet aber P-Dinge auch dann zum Schema Q, wenn sie ein oder zwei *slots* des Schemas von Q nicht erfüllen. In diesem Fall sind die P-Dinge *untypische Fälle* von Q-Dingen.

(4) Semantische Netzwerke für Vorgänge oder Ereignisse mit einer *slot*-Struktur gemäß (1)–(3) heißen *Skripte*.

(5) Es kann durch empirische Tests bestätigt werden, dass semantische Netzwerke in Gestalt von Schemata und Skripten in unserem Geist und unserer

sprachlichen Kommunikation tatsächlich operativ sind und in diesem Sinne in unserem Geist vorkommen.

(6) Der Befund (5) ist eine empirische Bestätigung für die Repräsentationstheorie des Geistes und der sprachlichen Zeichen, derzufolge propositional gehaltvolle sprachliche Zeichen, die in semantische Netzwerke eingebettet sind, den Kern natürlicher Sprachen ausmachen.

### *Die Bedeutung von Eigennamen und die starre Referenz*

Wie steht es aber nun um die Bedeutung der Nominatoren und insbesondere der Eigennamen (der grundlegenden Art von Nominatoren) (1.3)? Diese Frage hat sich als schwierig erwiesen. Die klassische Antwort der modernen Sprachphilosophie lautete, dass die Bedeutung von Eigennamen wie »Aristoteles« durch die Menge der Kennzeichnungen bestimmt ist, die auf die durch den Eigennamen bezeichnete Person zutreffen (1.10, (2)(a)). Wenn wir z. B. sagen, dass Aristoteles ein Philosoph war, der von 384 bis 322 vor Christus im klassischen Griechenland lebte, ein Schüler von Platon war, viele Jahre in Platons Akademie in Athen studierte und eine Menge historisch wirkungsmächtiger Werke (wie die *Metaphysik*, die *Erste* und *Zweite Analytik*, die *Nikomachische Ethik* oder die *Rhetorik*) schrieb, dann hätten wir nach der Kennzeichnungstheorie zumindest einen Teil der Bedeutung des Eigennamens »Aristoteles« (im Kontext der klassischen antiken Philosophie) angegeben.

Diese Theorie enthält jedoch eine Reihe von Problemen. So greifen Kennzeichnungen oft ihrerseits auf weitere Eigennamen zurück (wie im Falle von Aristoteles z. B. auf

»Platon«, »Athen« und Namen der aristotelischen Werke), so dass die Kennzeichnungstheorie entweder zirkulär zu werden droht oder Eigennamen letztlich auf reine Kennzeichnungen ohne Eigennamen (des Typs »Der größte Mensch«) zurückführen müsste. Doch auch derartige Kennzeichnungen enthalten Nominatoren in Gestalt von Indikatoren (1.3 (1)). Zum anderen sind, wie es scheint, Kennzeichnungen für bestimmte Personen stets metaphysisch kontingent, d. h., sie hätten in einem anderen Verlauf der Geschichte (in einer von unserer Welt verschiedenen möglichen Welt (2.59)) auch unzutreffend sein können. So hätte Aristoteles auch wie sein Vater ein Mediziner werden können, und dann hätte er weder bei Platon studiert noch all die großen wirkungsmächtigen Werke geschrieben. Wenn wir diese kontrafaktischen Situationen in grammatisch irrealen Sätzen beschreiben und z. B. sagen, dass Aristoteles Mediziner hätte werden können, dann wollen wir uns dabei immer noch auf denselben Aristoteles beziehen, den wir zuvor gekennzeichnet hatten. Aber das bedeutet, wie Saul Kripke gezeigt hat, dass wir Aristoteles *nicht* mit einem Bündel von kontingenten Kennzeichnungen *identifizieren* können und dass diese Kennzeichnungen folglich auch nicht die Bedeutung von Eigennamen festlegen können.

Diese und andere Überlegungen haben zu der Theorie der *starren Referenz* geführt: Eigennamen »X« referieren (beziehen sich) in allen möglichen Welten auf dasselbe X. Dies gilt, wie sich herausstellt, nicht nur für Eigennamen, sondern auch für eine besondere Untergruppe von Prädikatoren, nämlich jener Substantive oder Substanzbegriffe, die natürliche Arten wie Wasser oder Mensch (2.55) bezeichnen und sich auf eine Mikrostruktur wie $H_2O$ beziehen (vgl. genauer Band 2, S. 44–51, 2.58–2.63, insbesondere 2.62). Auf dieser Grundlage kann man zwar nicht eindeutig die Bedeutung von Eigennamen und Substanzbegriffen angeben, aber doch – in Anlehnung an einen Vorschlag von

Hilary Putnam – einen Verwendungskontext, so dass wir genauer sehen können, worüber wir reden, wenn wir Eigennamen oder Substanzbegriffe in sprachlicher Kommunikation gebrauchen. Dieser Verwendungskontext wird in 3.164 der Anschaulichkeit halber anhand von Beispielen beschrieben:

**3.164** *Starre Referenz: Semantik der Eigennamen und Substantive*

(1) Angabe der syntaktischen Kategorie: (i) »Aristoteles« ist ein Eigenname. (ii) »Wasser« ist ein konkreter Massenterm.
(2) Angabe der metaphysischen Kategorie: (i) Aristoteles ist ein Einzelding. (ii) Wasser ist eine natürliche Art.
(3) Herausgreifen der entsprechenden Gegenstände anhand ihrer empirischen Merkmale in unserer Welt: (i) X ist Aristoteles genau dann, wenn X dieselben Kennzeichen (Schüler Platons etc.) hat wie der antike Philosoph Aristoteles. (ii) X ist Wasser genau dann, wenn X dasselbe Stereotyp (flüssig, durchsichtig, geschmacklos, trinkbar ...) erfüllt wie die Flüssigkeit in diesem Glas, die wir »Wasser« nennen.
(4) Festlegung der *starren Referenz*:
   (a) Das in (3)(i) herausgegriffene X heiße »Aristoteles« genau dann, wenn X, falls dieser Mensch hier vor uns die essentiellen Eigenschaften (z. B. dieselbe individuelle genetische Struktur) ES hat, ebenfalls ES hat. Dann wird X »Aristoteles« getauft, und diese Taufe wird kulturell tradiert. Dann gilt: Aristoteles ist identisch mit dem durch ES charakterisierten Einzelding in allen möglichen Welten,

und »Aristoteles« referiert starr auf Aristoteles.

(b) Das in (3)(ii) herausgegriffene X ist Wasser genau dann, wenn X, falls die Flüssigkeit in diesem Glas die Mikrostruktur F hat, dieselbe Mikrostruktur F hat. Dann gilt: Wasser ist identisch mit F in allen möglichen Welten, und »Wasser« referiert starr auf Wasser.

Aus 3.163 und 3.164 folgt, dass wir z. B. sagen können:

- Diese Person ist der antike Philosoph Aristoteles → Diese Person hat (in unserer Welt) bei Platon studiert.
- Diese Flüssigkeit ist Wasser → Diese Flüssigkeit hat die Mikrostruktur $H_2O$.
- Aristoteles ist ein Mensch → Aristoteles ist ein Lebewesen und hat unter anderem Kopf, Rumpf, Arme und Beine.

Die in 3.163 und 3.164 skizzierte Semantik für generelle Begriffe und Eigennamen ist demnach eine Grundlage für Folgerungsbeziehungen und folglich auch für semantische Netzwerke von ganzen Sätzen, die es uns ermöglichen, mit Sätzen als Prämissen und Konklusionen im logischen Raum der Gründe (3.138) zu operieren.

### *Syntax natürlicher Sprachen: Grundzüge der Linguistik*

Sprachliche Zeichen, und damit auch natürliche Sprachen, weisen bestimmte Gliederungen auf. Im Interpretationismus wird behauptet, dass logische Gliederungen für natürliche Sprachen grundlegend sind, weil erst eine logische Organisation der T-Theoreme zur Individuierung und

Identifizierbarkeit semantischer Gehalte führt (vgl. 3.173–3.179). Sprachliche Zeichen, Phrasen und Sätze, und damit natürliche Sprachen insgesamt, sind jedoch auch auf nicht-logische Weise gegliedert. Diese nicht-logischen Gliederungen werden hauptsächlich von der Grammatik und Linguistik untersucht und sind derartig wichtig für ein Gesamtbild natürlicher Sprachen, dass sie auch in einer Darstellung der Philosophie der Sprache nicht gänzlich übergangen werden sollten. Hinzu kommt, dass die führende moderne linguistische Theorie der Sprache, die *generative Grammatik*, den Anspruch erhebt, Wesentliches zu einer Theorie des Geistes beizutragen. Daher sollen die Grundzüge und einige grundlegende Thesen der *generativen Grammatik* im Folgenden in einem Exkurs anhand exemplarischer Beispiele umrissen werden.

Die generative Grammatik betrachtet in ihrer Sprachtheorie das einzelne Wort als kleinste linguistische Einheit. Es sollte jedoch zumindest nicht unerwähnt bleiben, dass auch die meisten einzelnen Wörter natürlicher Sprachen eine Gliederung aufweisen, die von der *Morphologie* untersucht wird. Ein einfaches Wort wie »fliegt« lässt sich z. B. morphologisch gliedern in den Wortstamm (das Lexem) »flieg-« und die Endung (das morphosyntaktische Merkmal) »t«, das etwas über Tempus (Präsens), Numerus (Singular), und Person (3. Person, er/sie/es) anzeigt. Dasselbe gilt auch für wesentlich komplexere Wörter wie etwa »Fruchtbarkeitsgottheiten«, das sich in viele Bestandteile segmentieren lässt: Frucht – bar – keit – s – gott – heit – en. Jedes dieser Teile hat eine eigene Bedeutung, die beachtet und untersucht werden muss. Diese kleinsten bedeutungstragenden Elemente, in die sich einzelne syntaktische Wörter untergliedern lassen, heißen *Morpheme*. Die Morphologie sucht nach syntaktischen Regeln für die Zusammensetzung der Morpheme zu Wortformen und ganzen Wörtern.

Die *generative Grammatik* versteht sich als umfassende Sprachtheorie mit einer kognitivistischen Ausrichtung –

nämlich als Teil der kognitiven Linguistik und allgemeiner der kognitiven Psychologie. Die wichtigste Frage der generativen Grammatik ist, was jemand im Kopf hat und weiß, insofern er eine natürliche Sprache meistert. Dabei analysiert die generative Grammatik aber auch die syntaktischen Gliederungen natürlicher Sprachen auf neue und aufschlussreiche Weise.

Der zentrale Ausgangspunkt ist ähnlich wie im Interpretationismus, dass natürliche Sprachen unendlich viele wohlgeformte Wortkombinationen zulassen und viele geäußerte oder geschriebene Sätze zuvor noch niemals im Universum vorgekommen sind. Dabei sind natürliche Sprachen durch eine komplexe Syntax strukturiert. Kleine Menschenkinder können innerhalb recht kurzer Zeit im Alter zwischen zwei und vier Jahren eine ziemlich vollständige Sprachkompetenz erwerben und syntaktisch wohlgeformte Sätze bilden, die sie zuvor noch nie gehört haben. Alle bekannten natürlichen Sprachen sind zudem fast gleichermaßen komplex strukturiert. Ferner entwickeln Kinder, die mit Sprachen sozialisiert werden, die kaum syntaktische Strukturen besitzen, diese Muttersprachen innerhalb einer Generation ohne jede Unterweisung zu syntaktisch vollwertigen natürlichen Sprachen weiter. Diese und ähnliche Beobachtungen führen in der generativen Grammatik zu der grundlegenden These, dass die grammatische Kompetenz in Form einiger einfacher universalgrammatischer Prinzipien angeboren sein muss. Im Spracherwerb starten Kinder mit diesen Prinzipien und spezialisieren sie je nach spezifischen sprachlichen Inputs aus der Sprachgemeinschaft, in der sie aufwachsen. *Angeborene grammatische Kompetenz stellt ein zentrales Merkmal des menschlichen Geistes dar.*

Grammatische Kompetenz gilt dabei im Kern als syntaktische Kompetenz. Die *Syntax* wird wie in der formalen Logik als Menge von Regeln für die Zusammenstellung von einzelnen Wörtern zu Phrasen und Sätzen nach dem

Kriterium der *syntaktischen Wohlgeformtheit* (die man manchmal auch *Grammatikalität* nennt) verstanden. Im Deutschen ist der Satz »Die Mutter hat den Kindern ein Märchen erzählt« syntaktisch wohlgeformt und daher grammatisch, der Satz »Den Kindern die Mutter hat ein Märchen erzählt« hingegen ist syntaktisch nicht wohlgeformt und daher ungrammatisch. Die Syntax (Grammatik) muss angeben, auf welchen Regeln für Wohlgeformtheit der Unterschied zwischen Grammatikalität und fehlender Grammatikalität in den verschiedenen natürlichen Sprachen besteht. Die zentrale These der generativen Grammatik lautet daher genauer, dass die grundlegenden syntaktischen Prinzipien natürlicher Sprachen mittels angeborener algorithmischer, kognitiver Prozesse im Gehirn aller Menschen erfasst und somit auch kulturell universal sind. Das wichtigste theoretische Ziel der generativen Grammatik besteht darin, diese Prinzipien und Kompetenzen zu ermitteln.

Der generativen Grammatik zufolge ist eine universale Minimalgrammatik aus vier Komponenten aufgebaut:

(a) aus einem mentalen Lexikon für einen Grundstock an syntaktisch (nicht morphologisch) elementaren Ausdrücken (also hauptsächlich einzelnen Wörtern), das die Bedeutung dieser Ausdrücke angibt,
(b) syntaktischen Regeln für die Kombination von Elementen aus dem Lexikon zu komplexen wohlgeformten Ausdrücken,
(c) Regeln für die phonetische Realisierung von einfachen und komplexen Ausdrücken und
(d) Regeln der semantischen Interpretation der syntaktisch wohlgeformten Ausdrücke.

Die Syntax der generativen Grammatik ist bislang nicht in einer einheitlichen Form dargestellt worden. Wir können hier nur exemplarisch einige Aspekte der Fassung skizzieren, die in linguistischen Lehrbüchern meist zugrunde gelegt wird. In dieser Fassung enthält die Syntax der generativen Grammatik ihrerseits drei zentrale Komponenten, nämlich die X-Balken-Theorie (das Phrasenstrukturprinzip), die Satz-Grundkonstituenz (Syntax des Satzes mit D- und S-Struktur) und das Verschiebeprinzip (»move-·«).

Die grundlegende Einsicht der Syntaxtheorie besagt, dass sich hinter der oberflächlich linearen Anordnung syntaktischer sprachlicher Gebilde eine Struktur verbirgt, die quer zur Oberflächen-Linearität liegt und eine hierarchische Teil-Ganzes-Struktur aufweist. Die syntaktische Analyse komplexer sprachlicher Gebilde wird in der generativen Grammatik daher gewöhnlich graphisch in Baumstrukturen dargestellt. Alle Elemente (Knoten) der Baumstrukturen gelten als *Konstituenten* des entsprechenden komplexen Ausdrucks. Die Baumanalyse heißt deshalb auch *Konstituenten-Analyse.* Diese Art von Analyse erfordert die Bestimmung verschiedener Elemente komplexer sprachlicher Gebilde. Hier kann nur eine vereinfachte Version dieser Bestimmung betrachtet werden.

Die nächsthöhere sprachliche Einheit oberhalb des einzelnen Wortes und unterhalb von ganzen Sätzen ist die *Phrase*. Phrasen haben eine Struktur. Phrasen wie »das Kaninchen im Stall« oder »der Gouverneur von Kalifornien« enthalten zwei Nomen, aber eines dieser Nomen ist der *Kopf* der Phrase, der festlegt, wovon die Phrase handelt. Das Kaninchen im Stall ist ein Kaninchen, das durch seinen Aufenthalt im Stall näher bestimmt wird, und nicht ein Stall, der dadurch näher bestimmt wird, dass sich in ihm ein Kaninchen aufhält. Der Gouverneur von Kalifornien ist ein Gouverneur, der Kalifornien regiert, und nicht ein amerikanischer Bundesstaat namens Kalifornien, der von einem Gouverneur regiert wird. Ähnliches gilt für Verbalphrasen: »Ins Ausland fliehen, bevor man verhaftet wird« beschreibt eine Art des Fliehens, nicht eine Art der Verhaftung. »Fliehen«, nicht »verhaftet werden« ist der Kopf dieser Verbalphrase. In der Präpositionalphrase »in dem Hotel« ist »in« der Kopf; in der Adjektivphrase »froh über den Regen« ist »froh« der Kopf. Alle Arten von Phrasen haben in allen natürlichen Sprachen einen Kopf, der die Grammatik der Phrase regiert und bestimmt, wovon die Phrase handelt.

Die wichtigsten Arten von Phrasen sind also (in den Beispielen ist der Kopf kursiv gesetzt):

- Nominalphrasen (z. B. »das alte *Haus*«),
- Verbalphrasen (z. B. »*baut* ein Haus«),
- Präpositionalphrasen (z. B. »*vor* dem Haus«) und
- Adjektivphrasen (z. B. »ziemlich *groß*«).

Für eine Konstituentenanalyse von wohlgeformten komplexen sprachlichen Gebilden wird folgende Notation benutzt:

N = Nomen, NP = Nominalphrase, A = Adjektiv, AP = Adjektivphrase, V = Verb, VP = Verbalphrase, Det = Determinierer (z. B. Artikel), P = Präposition, PP = Präpositionalphrase, S = Satz, Pfeil: besteht aus; Klammern: optionales Vorkommen, Sternchen: beliebige Anzahl.

Die verschiedenen Arten von Phrasen haben folgende Strukturen:

(a) Eine Nominalphrase besteht aus einem optionalen Determinierer, gefolgt von einer beliebigen Anzahl von Adjektiven, gefolgt von einem Nomen: NP → (Det) A* N.

(b) Eine Verbalphrase besteht aus einem Verb, gefolgt von einer Nominalphrase: VP → V NP.

(c) Ein Satz besteht aus einer Nominalphrase, gefolgt von einer Verbalphrase: S → NP NV.

(d) Eine Präpositionalphrase besteht aus einer Präposition, gefolgt von einer Nominalphrase: PP → P NP.

Auf dieser Grundlage können wir einfache Baumanalysen durchführen. Die Nominalphrase »Die muntere Fee« (mit »Fee« als Kopf) hat z. B. die Form:

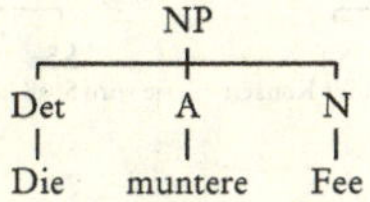


Die Verbalphrase »isst Früchte« (mit »isst« als Kopf und – in diesem Fall – mit »Früchte« als Nomen, das allein eine Nominalphrase bildet) hat die Form:

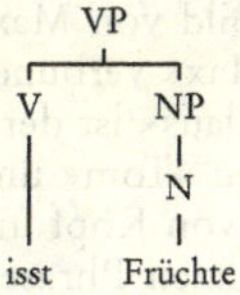


Diese beiden Phrasen können wir zu einem Satz S zusammensetzen:

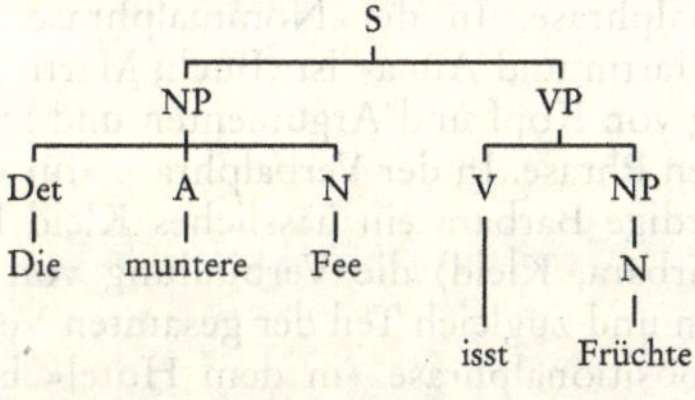


Komplexe Sätze lassen sich mit Rückgriff auf grammatische Konjunktionen (unter denen auch aussagenlogische Junktoren sind) in Bäumen darstellen. Ein Beispiel:

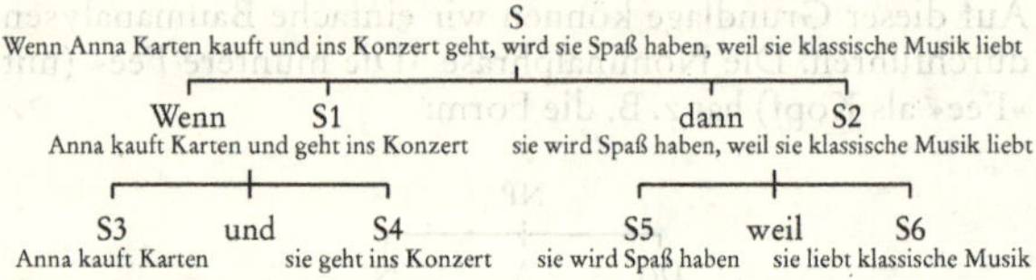


Diese einfache Form linguistischer Analysen lässt sich verfeinern und vertiefen, wenn man berücksichtigt, dass Phrasen wichtige Teilstrukturen enthalten. Phrasen weisen nämlich einzelnen oder mehreren Dingen bzw. Personen gewisse Rollen zu. Dadurch lässt sich ihre Struktur genauer darstellen. In »ein Bild von Max« ist der Kopf »Bild« mit dem Argument »Max« verbunden, in »das letzte Gespräch mit Tom und Klaus« ist der Kopf »Gespräch« mit den beiden Argumenten »Tom« und »Klaus« verbunden. Die Verbindung allein von Kopf und Argumenten ist gewöhnlich Teil einer ganzen Phrase, wie ⟨Bild; Max⟩ und ⟨Gespräch; Tom, Klaus⟩ in den zuletzt genannten beiden Beispielen. In der Nominalphrase »der Gouverneur von Kalifornien« ist ⟨Gouverneur; Kalifornien⟩ die Verbindung von Kopf und Argument und zugleich ein Teil der gesamten Nominalphrase. In der Nominalphrase »das beste Buch von Martin und Anna« ist ⟨Buch; Martin, Anna⟩ die Verbindung von Kopf und Argumenten und zugleich Teil der gesamten Phrase. In der Verbalphrase »für die bewundernswürdige Barbara ein hässliches Kleid kaufen« ist ⟨kaufen; Barbara, Kleid⟩ die Verbindung von Kopf und Argumenten und zugleich Teil der gesamten Verbalphrase. In der Präpositionalphrase »in dem Hotel« ist »in« der Kopf und »Hotel« das Argument; in der Adjektivphrase »froh über den Regen« ist »froh« der Kopf und »Regen« das Argument.

Die Verbindung von Kopf und Argumenten einer Nominalphrase heißt *N-Balken-Phrase*, einfach deshalb, weil sie mit N und einem Balken darüber notiert wird (also in der Form $\bar{N}$). Entsprechend heißt die Verbindung von Kopf und Argumenten einer Verbalphrase *V-Balken-Phrase* (notiert $\bar{V}$), und dasselbe gilt für Adjektiv-Balken-Phrasen ($\bar{A}$) und Präpositionsbalken-Phrasen ($\bar{P}$). Das ist die Grundlage der Balken-Syntax in der generativen Grammatik.

Phrasen und Sätze enthalten ferner Wörter, die, grammatisch gesehen, die Rolle des Subjekts und, faktisch gesehen, oft die Rolle des Aktors oder Verursachers spielen (notiert wird dies durch »spec« für specifier). Sowohl im Satz »Mick Jagger verwüstete das Hotelzimmer« als auch in der Nominalphrase »Mick Jaggers Verwüstung des Hotelzimmers« ist »Mick Jagger« das Subjekt (der specifier) des Satzes bzw. der Nominalphrase. Das Subjekt wird in der Linguistik, anders als in der Logik, nicht zu den Argumenten einer Relation gerechnet.

Und schließlich enthalten Phrasen und Sätze noch einen vierten Bestandteil, der die bisher genannten Bestandteile qualifiziert oder modifiziert. In der Nominalphrase »der Mann aus Hamburg« z. B. ist »aus Hamburg« nicht ein Argument des Phrasenkopfes »Mann«, sondern qualifiziert oder modifiziert den Mann nur ein wenig näher. In »der Bürgermeister von Hamburg« dagegen ist »Hamburg« ein Argument des Phrasenkopfes »Bürgermeister«, denn ein Bürgermeister wäre kein Bürgermeister, wäre er nicht Bürgermeister einer bestimmten Stadt. Der Ausdruck »von Hamburg« bezeichnet also nicht ein hinzugefügtes bzw. akzidentelles Attribut, sondern einen notwendigen Bestandteil der Phrase. Die akzidentellen Qualifikationen heißen in der Linguistik *Modifikatoren.*

Wir können damit die beiden Superregeln der generativen Grammatik formulieren: Sei X irgendeine Art von Phrase (Satz, Nominal-, Adjektiv-, Präpositional- oder Verbalphrase), dann gilt:

(1) Eine X-Balken-Phrase besteht aus einem Kopf X,

gefolgt von einer beliebigen Anzahl von Argumenten. Notation (mit ZP für Argument): $\bar{X} \rightarrow X\ ZP^*$.

(2) Eine X-Phrase besteht aus einem optionalen Subjekt (specifier), gefolgt von einer X-Balken-Phrase, gefolgt von einer beliebigen Anzahl von Modifikatoren. Notation (mit YP für Modifikator): $\overline{XP} \rightarrow (spec)\ \bar{X}\ YP^*$.

Diese Regeln, die die genauere Struktur einer Phrase beschreiben, scheinen für alle natürlichen Sprachen zu gelten: Sie sind der generativen Grammatik zufolge universelle syntaktische Prinzipien für den Aufbau von Phrasen.

In vielen Phrasen gibt es überdies eine regelhafte Reihenfolge. Wir sagen »der Bürgermeister von Hamburg aus Bremen«, wenn der Bürgermeister von Hamburg aus Bremen stammt, und nicht »der Bürgermeister aus Bremen von Hamburg«. Hier gilt die Reihenfolge Kopf, Argument, Modifikator. Solch eine Reihenfolge kommt häufig vor, auch in Sätzen. Aber Abweichungen sind möglich, wie in »Im Hotel (Modifikator) übergab (Kopf) der Spion (Subjekt) die Dokumente (Argument)«.

Balkenphrasen und Modifikatoren (jetzt einfachheitshalber mit M notiert) sind ein Mittel, um feinere linguistische Analysen von Phrasen und Sätzen in Form von graphischen Bäumen durchzuführen. Betrachten wir etwa den Satz »Mick Jagger verwüstete das Hotelzimmer in der Nacht zum 1.2.85«:

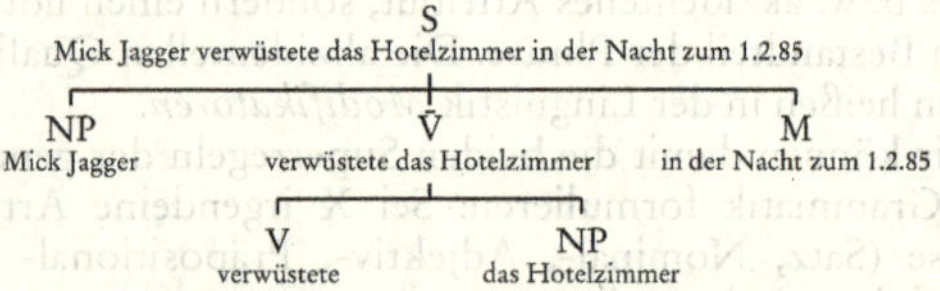

Auch Nominalphrasen können ein Subjekt (specifier) haben, z.B. »Mick Jaggers Verwüstung des Hotelzimmers«. Die Analyse mit Balkenphrase sieht dann so aus:

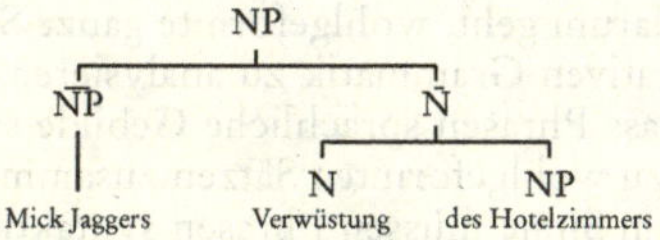


Die allgemeinen Phrasen-Regeln (1) und (2) legen offensichtlich noch keine spezifische Interpretation gegebener konkreter Phrasen fest. Wir müssen das mentale Lexikon benutzen, um zu entscheiden, wie bestimmte Wörter im Rahmen der allgemeinen Struktur von Kopf, Argumenten, Subjekt und Modifikatoren zu platzieren sind. Wir können z.B. sagen: Max speiste, aber nicht: Max speiste Pizza. Dagegen können wir sagen: Max verschlang die Pizza, aber nicht: Max verschlang. »Speisen« als Phrasenkopf verlangt nur ein Subjekt, nicht aber ein Argument (denn dieses Verb ist intransitiv); »verschlingen« dagegen verlangt als Phrasenkopf ein Argument (denn dieses Verb ist transitiv). Wir können sagen: Sabine stellte die Harke in den Schuppen, aber weder: Sabine stellte die Harke, noch: Sabine stellte in den Schuppen, noch: Sabine stellte. In unserem mentalen Lexikon muss also so etwas wie das Folgende eingetragen sein:

- *speisen:* Verb, bedeutet: in einer vornehmen Umgebung eine gute Mahlzeit einnehmen; Esser: Subjekt;
- *verschlingen:* Verb, bedeutet: etwas heißhungrig essen; Esser: Subjekt; Gegessenes: Argument;
- *stellen:* Verb, bedeutet: verursachen, dass etwas an einen bestimmten Ort gelangt; Steller: Subjekt, Gestelltes: Argument, Ort: Präpositionalobjekt.

Sowohl linguistische Regeln (einschließlich der Rekursivität dieser Regeln) als auch ein mentales Lexikon sind der linguistischen Theorie zufolge erforderlich, um Sätze und Phrasen natürlicher Sprachen angemessen zu verstehen.

Wenn es darum geht, wohlgeformte ganze Sätze im Sinne der generativen Grammatik zu analysieren, dann ist zu bedenken, dass Phrasen sprachliche Gebilde sind, die sich syntaktisch zu wohlgeformten Sätzen zusammenfügen lassen. In diesem Sinne müssen Phrasen syntaktisch verwendungsfähig sein. »Maria« ist z. B. ein syntaktisches Wort, das zugleich eine Phrase ist, weil es z. B. in den komplexen Ausdrücken

– »Maria schläft«,
– »Maria sieht Hans« oder
– »Maria stellt das Buch in das neue Regal«

zusammen mit den Ausdrücken »schläft«, »sieht Hans« und »stellt das Buch in das neue Regal« zu wohlgeformten Sätzen zusammengefügt werden kann. Die zuletzt genannten Ausdrücke sind daher auch ihrerseits Phrasen, weil sie umgekehrt mit »Maria« zu wohlgeformten Sätzen zusammengefügt werden können. Einige einzelne syntaktische Wörter (»Maria«, »schläft«) können also Phrasen sein.

Dagegen sind »sieht«, »stellt«, »Buch« oder »Regal« keine Phrasen, sondern verlangen Ergänzungen zu komplexen Ausdrücken, die gesamthaft verschoben oder gesamthaft ersetzt werden können. Aus unserem mentalen Lexikon des Deutschen wissen wir nämlich, dass z. B. »sieht« ein Akkusativobjekt aufruft; erst diese Ergänzung, die auch *Argument* von »sehen« heißt, führt zu einer Phrase – man sagt auch, dass »sieht« mit dieser Ergänzung zu einer Phrase *projiziert* wird. Diese Phrase »sieht Hans« ist eine *Verbalphrase*, weil ihr leitendes Wort, also ihr *Kopf*, das flektierte Verb »sehen« ist. Im dritten Satz verlangen »Buch« und »Regal« zu ihrer syntaktischen Verwendung im Satz eine Ergänzung durch den Artikel »das«, d. h. sie müssen zu den Phrasen »das Regal« bzw. »das Buch« projiziert werden. Dabei handelt es sich um *Nominalphrasen,* weil ihre Köpfe die Nomen »Buch« und »Regal« bilden. Die Nominalphrase »das Regal« wird im dritten Satz nicht nur durch »neu«, sondern vor allem auch durch die Präposition »in« ergänzt, d. h. sie wird zu der Phrase »in das neue Regal« projiziert, die nun eine *Präpositionalphrase* mit dem Kopf »in« geworden ist. Das Verb »stellen« schließlich verlangt als Ergänzung zwei Argumente, nämlich ein Akkusativobjekt und eine adverbiale Bestimmung, also eine Nominalphrase und eine Präpositionalphrase.

Die generative Grammatik stellt daher ein grammatisches Prinzip auf, das sie für universal hält:

(e) Jedes syntaktische Wort wird in seiner syntaktischen Verwendung in wohlgeformten Sätzen zu einer Phrase projiziert.

(f) Jede Phrase hat einen Kopf, der dasjenige Wort der Phrase ist, das die Kategorie der Phrase bestimmt und manchmal auch allein eine Phrase sein kann.

Auf der Grundlage des Lexikons und der Regeln (1)–(2) und (a)–(f) können wir dann einfache Sätze in einem graphischen Baum darstellen, dessen Knoten Phrasen sind, die immer weiter analysiert werden, und zwar bis hin zu den einzelnen syntaktischen Wörtern als ihren kleinsten Elementen.

Vollständige Sätze sind in der Theorie der generativen Grammatik ebenfalls Phrasen – offenbar die größtmöglichen Phrasen. Aber was ist der Kopf solcher Satzphrasen? Im Satz »Schalke 04 wird die deutsche Meisterschaft gewinnen« beispielsweise ist es das Hilfsverb »wird«, das sich in gewisser Weise auf den ganzen Satz bezieht. Hilfsverben gehören zu den *Funktionswörtern,* ähnlich wie Artikel, Pronomen, gewisse Präpositionen, logische Konjunktionen und andere Konjunktionen sowie z. B. »dass« und »um … zu«. Die Funktionswörter beziehen sich auf größere Phrasen, in die kleinere Phrasen eingepasst werden können. Die Funktionswörter geben also ganzen Sätzen ein Gerüst und kristallisieren größere grammatische Strukturen heraus.

Ganze Sätze können als Hilfsverb-Phrasen oder allgemeiner als Phrasen aufgefasst werden, deren Kopf ein Funktionswort ist. Weil Hilfsverben zur Flexion beitragen, hat sich das Symbol »INFL« für Funktionswörter und »IP-Phrase« für Sätze eingebürgert. Das Subjekt des Satzes nimmt die specifier-Position der Satzphrase ein. Betrachten wir als Beispiel noch einmal eine Balkenphrasen-Analyse des (ewig falschen) Satzes »Schalke 04 wird im nächsten Jahr die deutsche Meisterschaft gewinnen«:

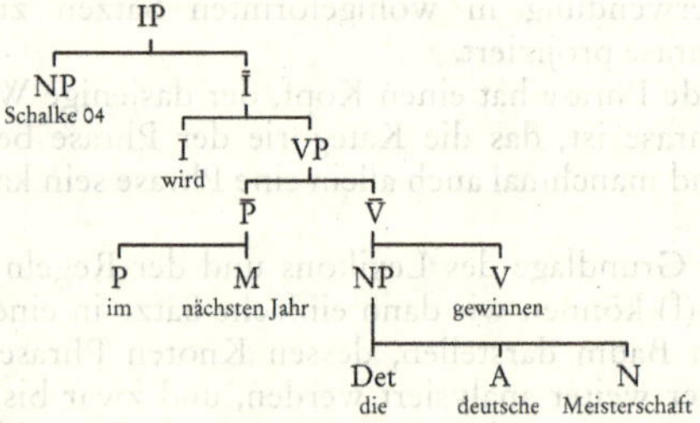


Die generative Grammatik untersucht weitere zentrale syntaktische Strukturen natürlicher Sprachen, z.B. sogenannte D-Strukturen (Tiefenstrukturen) und S-Strukturen (Oberflächenstrukturen). Die grundlegende Hypothese besagt, dass die D-Struktur (Tiefenstruktur) von Sätzen mit Hilfe gewisser Verschiebungsprinzipien (Transformationsprinzipien) in die sicht- und hörbare S-Struktur (Oberflächenstruktur) umgewandelt werden kann. Darum wurde die generative Grammatik auch *Tiefengrammatik* oder *Transformationsgrammatik* genannt. Wir können diese wichtige theoretische Komponente hier nicht mehr erörtern, sondern müssen uns mit der Feststellung zufriedengeben, dass auf dieser Ebene eine weitere syntaktische Komplexität natürlicher Sprachen auftritt.

Für die meisten Vertreter der generativen Grammatik sind natürliche Sprachen vor allem dadurch ausgezeichnet, dass sie die skizzierten, extrem komplexen grammatischen und syntaktischen Strukturen aufweisen. Natürliche Sprachen in diesem Sinne sind bisher humanspezifisch, und die kognitive Kompetenz, natürliche Sprachen zu verstehen, lässt sich bislang nur im menschlichen Geist nachweisen. Die meisten Vertreter der generativen Grammatik lehnen daher die These einiger Primatologen, es sei möglich, Schimpansen und Bonobos ein elementares Sprechen mittels Computern (d. h. in Gestalt des Bedienens von Symboltasten auf Computern) oder in Form der Gebärdensprache beizubringen, als nachweislich falsch ab. Insbesondere wird darauf hingewiesen, dass diese These auf einer extrem überzogenen Interpretation der Rohdaten beruht, die insbesondere auf einem falschen und simplifizierten Verständnis von Sprache beruht. Denn kein Schimpanse oder Bonobo kommt über simple Zwei-Wort-Sätze hinaus. Schimpansen und Bonobos lernen insbesondere keinerlei Syntax oder Grammatik. Primatologen wissen gewöhnlich nicht, dass Gebärdensprachen voll entwickelte Sprachen mit allen Elementen der Universalgrammatik sind. Interessanterweise können gehörlose Menschen in den Gesten trainierter Schimpansen oder Bonobos keinerlei Gebärden z. B. von ASL (American Sign Language) erkennen (wenn Primatologen z. B. das Zeigen mit dem Finger als »du«, die Umarmung als Zeichen für Umarmung oder das Ausstrecken von Armen als Zeichen für »geben« übersetzen, ist das – den Vertretern der generativen Grammatik zufolge – purer sprachwissenschaftlicher Dilettantismus). Es ist klarerweise gerade der explosionsartige Zuwachs an semantischem und syntaktischem Wissen bei Menschenkindern im Alter von zweieinhalb bis dreieinhalb Jahren, der weder bei Schimpansen noch bei Bonobos vorkommt.

Die Beziehung zwischen logischen, semantischen und syntaktischen (grammatischen) Strukturen natürlicher Sprachen wird allerdings auch in der generativen Grammatik nicht befriedigend geklärt. Die Linguistik unterstellt, dass das mentale Lexikon unter anderem Einträge für die *Bedeutungen* aller benutzten Wörter einer erlernten und verwendeten natürlichen Sprache enthält. Ohne diese *semantischen Einträge* könnte die linguistische Analyse nicht vom Boden abheben – gegebene Wörter könnten ohne semantischen Eintrag im mentalen Lexikon nicht bestimmten Wortarten zugeordnet werden und nicht auf die linguistische Struktur von Subjekt, Kopf, Argumenten und Modifikatoren bezogen werden. Auch ist im Rahmen der generativen Grammatik ungeklärt, wie die Unterscheidung von Referenz und Bedeutung gelingen kann, und was Bedeutungen (Repräsentationen) überhaupt sind. Man könnte diesen Sachverhalt so deuten, dass die linguistische Sprachtheorie eine semantische Theorie, d. h. eine Theorie sprachlicher Repräsentationen, voraussetzt, wie sie von der modernen Sprachphilosophie geliefert wird.

## 10.2 Große sprachphilosophische Entwürfe

Mit den bisherigen Überlegungen ist der Bereich einer Semantik für natürliche Sprachen noch nicht abgedeckt. Es gibt eine Reihe von neueren Entwürfen, die versuchen, die Semantik natürlicher Sprachen auf eine tiefere und grundsätzlichere Weise zu beschreiben. Drei der einflussreichsten Entwürfe stammen von Ludwig Wittgenstein, Robert Brandom und Donald Davidson. Der späte Wittgenstein definiert die Bedeutungen sprachlicher Einheiten durch ihren Gebrauch, Brandom durch zugrundeliegende Inferenzen und Davidson durch eine Theorie der Interpretation.

Diese Ideen werden raffiniert und detailliert ausgearbeitet. Wir können diese Semantiken daher hier nur grob umreißen.

### *Wittgenstein und die Gebrauchstheorie der Bedeutung*

Die *Gebrauchstheorie* der Sprache geht von der zentralen Idee aus, dass die Bedeutungen sprachlicher Zeichen aus dem *Gebrauch (= Verwendung)* dieser Zeichen hervorgehen. Es handelt sich hier also um eine *instrumentalistische* Beschreibung sprachlicher Bedeutungen. Eine der ersten und einflussreichsten Gebrauchstheorien der Sprache ist vom späten Wittgenstein vorgelegt worden.

**3.165** *Zentrale Idee der Wittgenstein-Theorie*

(1) Sprachliche Zeichen (3.132) sind wie Werkzeuge, die man zu bestimmten Zwecken verwendet, oder wie Symbole, mit denen man auf bestimmte Weise operiert oder rechnet.
(2) These (1) gilt auch für nicht-sprachliche Zeichen (3.129).
(3) Die Bedeutung eines Zeichens zu erklären heißt, seinen Gebrauch zu erklären.
(4) Sprachliche Ausdrücke (= sprachliche Zeichen) werden gewöhnlich nicht einheitlich verwendet; es gibt nur selten eindeutige notwendige und hinreichende Kriterien für ihren Gebrauch; vielmehr gibt es normalerweise für jeden sprachlichen Ausdruck eine ganze Palette unterschiedlicher Verwendungen – also nach (2) unterschiedliche Bedeutungen – in den verschiedenen sozialen Kontexten. Diese verschiedenen Bedeutungen weisen meist höchstens eine *Familienähnlichkeit* auf.

Die in 3.165 skizzierte Konzeption gilt speziell auch für den Ausdruck »Bedeutung«. Es macht daher wenig Sinn zu fragen, was Bedeutungen sind. These 3.165 ist demnach keine Antwort auf diese generelle Frage, sondern weist nur darauf hin, dass die *Bedeutung* von sprachlichen Ausdrücken in einer Reihe von wichtigen Fällen mit ihrem *Gebrauch* in verschiedenen Kontexten identifiziert werden kann.

Wir sollten beispielsweise nicht fragen, was Spiele sind – was genau alle und nur die Spiele auszeichnet (um auf diese Weise die einheitliche Bedeutung des Ausdrucks »Spiel« zu ermitteln) – sondern wir sollten untersuchen, in welchen Kontexten und in welcher Weise wir von Spielen reden. Vermutlich werden je zwei verschiedene Spiele gewisse Gemeinsamkeiten aufweisen – einige Paare mehr, andere weniger. Die Spiele insgesamt werden wie Mitglieder einer Familie eine Reihe unterschiedlicher, sich teilweise überlappender Ähnlichkeiten aufweisen, aber nicht eine Reihe genau definierter gemeinsamer notwendiger und hinreichender Merkmale. Die Verwendungen des Ausdrucks »Spiel« werden also eine *Familienähnlichkeit* aufweisen. Es sollte uns interessieren, diese Familienähnlichkeit durch eine *umfassende* Untersuchung des Sprachgebrauchs nachzuzeichnen.

Wenn etwa mein Freund zu mir sagt »Morgen besuche ich Dich«, dann mag zum Verständnis dieses Satzes unter anderem folgender Kontext gehören: Ich muss unbedingt in den nächsten Tagen einige mathematische Probleme lösen, schaffe dies aber nicht allein und habe daher meinen Freund, von dem ich weiß, dass er ein guter Mathematiker ist, um Hilfe gebeten; er hat mir zwar erzählt, dass er wenig Zeit hat, mir dann aber doch versprochen, mich morgen zu besuchen. Ich verstehe dieses Versprechen als Ausdruck echter Freundschaft, und obgleich ich mich eigentlich morgen mit meiner Freundin verabredet habe, nehme ich mir vor, diesen Termin abzusagen und das Angebot meines Freundes anzunehmen.

Diese Geschichte könnten wir mühelos weiterspinnen, z. B. hinsichtlich meines Verhältnisses zu meinem Freund, in dessen Licht sein Versprechen ein besonderes Gewicht erhält, oder durch die Schilderung der Art der mathematischen Probleme und des Zweckes ihrer Lösung sowie der institutionellen oder wissenschaftlichen Zwänge, die die Lösung erforderlich machen. Kurz, ein schlichter Satz wie »Morgen besuche ich Dich« wird erst dann voll verständlich, wenn wir unter anderem wissen, was die beteiligten Gesprächspartner vorher gesagt und getan haben und nachher sagen und tun werden, welche Erwartungen sie mit der Äußerung verknüpfen, und welche persönlichen und gesellschaftlichen Beziehungen der Äußerung zugrunde liegen. Die Wittgenstein-Theorie nennt eine solche lange, ausufernde und offenbar prinzipiell unabgeschlossene Geschichte, die man zum reicheren Verständnis einer sprachlichen Äußerung erzählen kann, ein *Sprachspiel*. Erst das Sprachspiel erschließt die reichhaltige Bedeutung, den situationsspezifischen Gebrauch eines sprachlichen Zeichens, und da es, wie unser kleines Beispiel andeutungsweise sichtbar gemacht hat, stets tief in persönliche und institutionelle Strukturen (5.276–5.277) hineinreicht, wird vielleicht verständlich, dass Sprachspiele, und damit das Sprechen überhaupt, als Teile einer Lebensform angesehen werden können.

**3.166** *Sprachspiele und Tiefengrammatik in der Wittgenstein-Theorie*

(1) Der Gebrauch sprachlicher Zeichen ist *öffentlich* und kann *korrekt* oder *inkorrekt* sein. In vielen Fällen ist die Bedeutung sprachlicher Ausdrücke ihr *korrekter Gebrauch in einer Sprachgemeinschaft*, d. h. ein Gebrauch, der *Regeln* folgt, die in der Sprachgemeinschaft anerkannt sind.

(2) Die Regeln, denen der Sprachgebrauch in einer Sprachgemeinschaft folgt, sind nicht nur die grammatischen Regeln, sondern auch *tiefengrammatische Regeln*, d. h. Mengen von Erwartungen, Bedingungen und Reaktionen, die die Sprachgemeinschaft gewöhnlich mit der Äußerung eines Ausdrucks oder Satzes in einer bestimmten Situation verbindet.

(3) Die Menge aller Regeln einer Sprachgemeinschaft einschließlich der tiefengrammatischen Regeln heißen auch *Sprachspiele*. Sprachspiele sind stets eingebunden in zum Teil weitreichende soziale Strukturen und Mechanismen: Sprachspiele sind *Teile von Lebensformen*.

Nach 3.166 gehen tiefengrammatische Regeln und Sprachspiele nicht nur über grammatische Regeln, sondern auch über Sprechakte und die psychischen Modi von sprachlichen Ausdrücken hinaus. Aus 3.166 lassen sich einige zentrale Annahmen über natürliche Sprachen und Sprachgebrauch herauslesen:

**3.167** *Grundannahmen der Wittgenstein-Theorie*

(1) Natürliche Sprachen sind Mengen linguistischer Regeln oder Konventionen (5.248). Eine natürliche Sprache zu sprechen heißt daher, linguistischen Regeln folgen zu können.

(2) Bedeutungen linguistischer Ausdrücke werden nicht durch Zuordnung semantischer Modelle gestiftet, sondern werden im Gebrauch der Ausdrücke manifest.

(3) Der Gebrauch sprachlicher Ausdrücke bildet sich nicht im Rahmen von Privatsprachen, son-

dern in Form öffentlich geltender Sprachregeln, die mit ganzen Lebensformen verbunden sind und die Korrektheit des Sprachgebrauchs bestimmen.

(4) Niemand kann einer Regel privat folgen, weil einzelne Personen nicht unterscheiden können zwischen den beiden Fällen, dass sie tatsächlich in ähnlichen Fällen derselben Regel folgen, und dass sie nur glauben, dies zu tun.

(5) Eine bestimmte Person $P_1$ darf nur behaupten, dass eine Person $P_2$ eine bestimmte Regel beherrscht und daher in einem bestimmten Einzelfall der Regel gemäß etwas Bestimmtes tun sollte (wobei $P_1 = P_2$ zugelassen ist), wenn diese Behauptung mit dem Urteil der meisten Mitglieder der Gemeinschaft übereinstimmt, der $P_1$ und $P_2$ angehören. Diese Übereinstimmung ist ihrerseits Teil der Lebensform dieser Gemeinschaft und damit ein theoretisch primitives (= für die Theorie vorauszusetzendes) Faktum.

Mit (5) in 3.167 ist die Öffentlichkeit des Befolgens sprachlicher Regeln genauer bestimmt. Es stellt sich allerdings die Frage, welchen Status die Sprachregeln haben, und was es heißt, einer Regel zu folgen. Hier zeichnet sich eine Reihe schwieriger Probleme ab; eines der wichtigsten dieser Probleme hat mit der fortgesetzten Anwendung von Regeln zu tun. Regeln legen ihre Anwendung meist nicht eindeutig fest. Eine gegebene Handlungsweise oder Prozedur kann niemals eindeutig als Anwendung einer bestimmten Regel R interpretiert werden. Denn bei jeder weiteren Handlung bleibt unsicher, ob sie mit der bisherigen Handlungsweise konform ist oder nicht, da prinzipiell jede Handlung als Fortsetzung der Regel gedeutet werden kann.

Man kann dieses Problem anhand einer stipulativen (= neu definierten) Differenz von Addition und Quaddition (oder von Plus und Quus als Operationen) erläutern: Sei a eine feste, sehr große Zahl, mit der wir in Additionen noch nicht operiert haben (d. h. wir haben die Addition noch nicht auf Zahlen größer als a angewendet); dann sei die Quaddition (+) definiert durch

x (+) y = x + y für alle x, y £ a
x (+) y = 5 für alle x, y > a.

Wir können nicht »privat« entscheiden oder wissen, ob wir im Zuge bisheriger Additionen der Regel der Addition oder der Regel der Quaddition folgen, und ob wir in künftigen Fällen im Falle von Zahlen größer als a der Additions- oder Quadditionsregel folgen sollen. Jedes Verhalten kann im Prinzip derart als regelgeleitet interpretiert werden, dass seine Fortsetzung unter unendlich vielen verschiedenen Regeln möglich ist.

Es gibt aber noch ein weiteres gewichtiges Problem mit dieser Theorie, das eher von theoriestrategischer Natur ist. Dieses Problem lässt sich leichter erkennen, wenn man sich noch einmal das Bild von natürlichen Sprachen vor Augen hält, das die Wittgenstein-Theorie entwirft (vgl. 3.167, besonders (1)–(3)).

Eine naheliegende und verbreitete Intuition ist, dass das Regelfolgen eine zumindest rudimentäre Kenntnis der Regel voraussetzt – und damit ein zumindest rudimentäres Erfassen des propositionalen Gehaltes der befolgten Regel. Andernfalls, so scheint es, wäre die Regel nicht kognitiv implementiert (= verankert) und könnte unser Verhalten nicht leiten. Eine *Theorie,* die auf angemessene Weise beschreiben soll, was es heißt, einer Regel zu folgen, müsste dieser Intuition zufolge also einen Bezug auf propositionale Gehalte bereits in Anspruch nehmen. Genau das ist im Rahmen des Sprachbildes der Wittgenstein-Theorie jedoch nicht möglich: In diesem Sprachbild wird der Begriff der

Regel und des Regelfolgens nämlich an einer sehr frühen Stelle der Sprachtheorie eingeführt – noch bevor von den propositionalen Gehalten sprachlicher Ausdrücke und Gedanken die Rede ist. Das Konzept propositionaler Gehalte und Bedeutungen von Ausdrücken natürlicher Sprachen soll vielmehr umgekehrt auf der Grundlage des Regelbegriffs eingeführt werden. Dann muss das Regelfolgen aber wie eine Routine beschrieben werden, die nicht vom Erfassen des propositionalen Gehaltes der Regel abhängt. Und das ist eine sehr problematische Konsequenz.

**3.168** *Probleme der Wittgenstein-Theorie*

Die Wittgenstein-Theorie als prominenteste Gebrauchstheorie der Sprache ist mit zwei gewichtigen Problemen belastet:

(1) Das Problem der Regelanwendung: Regeln legen ihre eigene Anwendung und Fortsetzung nicht eindeutig fest. Jedes Verhalten kann so interpretiert werden, dass seine Fortsetzung unter unendlich vielen verschiedenen Regeln möglich ist.

(2) Das Problem der theoretischen Analyse des Regelfolgens: Die Gebrauchstheorie der Sprache definiert den Gebrauch und damit die Bedeutung sprachlicher Ausdrücke in Begriffen des Befolgens linguistischer Regeln. Es ist jedoch fraglich, ob sich das Regelfolgen ohne Rückgriff auf den propositionalen Gehalt der Regel erläutern lässt. Die Wittgenstein-Theorie droht daher zirkulär zu werden.

Die Diagnose 3.168 ist Grund genug, sich nach Sprachtheorien umzusehen, die ohne einen Rückgriff auf den Regelbegriff auskommen. Das gilt für die Sprachtheorien Brandoms und Davidsons.

### *Brandom und die inferentialistische Semantik*

Wie der Titel *Inferentialistische Semantik* bereits andeutet, ist eine der grundlegendsten Ideen der von Brandom konzipierten Semantik, dass sich propositionale Gehalte und folglich auch Bedeutungen von sprachlichen Ausdrücken (einschließlich von Sätzen) durch Rückgriff auf *Inferenzen* erklären lassen – also gewisse Folgerungen, die einen normativen Status haben und Übergänge von Prämissen zu Konklusionen vorschreiben. Inferenzen beruhen nicht auf gegebenen propositional gehaltvollen sprachlichen Ausdrücken, sondern umgekehrt beruhen propositional gehaltvolle sprachliche Ausdrücke auf Inferenzen. Was versteht Brandom genauer unter Inferenzen? Es handelt sich nicht um logisch gültige Schlüsse. Als Beispiele werden vielmehr Folgerungen genannt wie:

(1) Es regnet → Die Straße ist nass.
(2) Blitz jetzt → Donner bald.
(3) Pittsburgh liegt westlich von Princeton → Princeton liegt östlich von Pittsburgh.
(4) Heute ist Mittwoch → Morgen ist Donnerstag.
(5) Dieses Stück Obst ist eine Banane → Dieses Stück Obst ist gelb.

Derartige Folgerungen heißen *materiale Inferenzen.* Sie beziehen sich offenbar auf empirische oder gar naturgesetzliche Regularitäten (vgl. (1), (2)), auf Sprachkonventionen (Westen ist die entgegengesetzte Richtung zu Osten) (vgl. (3)), auf soziale Konventionen wie den Kalender (vgl. (4)) und auf reguläre Eigenschaften von Substanzen im Rahmen von natürlichen Arten (vgl. (5)). Der semantische Gehalt (die Bedeutung) einer sprachlichen Behauptung besteht dann in der Menge aller materialen Inferenzen, in denen die Behauptung vorkommt:

**3.169** *Inferentialistische Semantik*

(1) Die grundlegende Idee der *Inferentialistischen Semantik* ist, dass sich propositionale Gehalte von Gedanken und folglich auch Bedeutungen von sprachlichen Ausdrücken (einschließlich von Sätzen) durch Rückgriff auf normative Folgerungen (*Inferenzen*) erklären lassen, die ihrerseits als gute Begründungen gelten können.
(2) Eine *Inferenz* der Form $p \rightarrow q$ ist dann *material*, wenn die Tatsachen p und q aufgrund von Naturgesetzen oder sprachlichen Konventionen oder sozialen Institutionen regulär korreliert sind.
(3) Es gibt genau drei grundlegende Typen materialinferentieller Beziehungen zwischen zwei Behauptungen p und q:
(a) $p \rightarrow q$ (q folgt material aus p).
(b) $q \rightarrow p$ (p folgt material aus q).
(c) $q \rightarrow \neg p$ (q ist unvereinbar mit p; daraus folgt $p \rightarrow \neg q$, d. h. p ist unvereinbar mit q).
(4) Die *Bedeutung* (der *semantische Gehalt*) einer Behauptung p wird festgelegt und individuiert durch die Menge B aller Behauptungen q, derart dass q material aus p folgt oder p material aus q folgt oder q unvereinbar mit p ist.
(5) Nach (4) gilt der semantische Holismus (3.137) für sprachliche Behauptungen.

In 3.169 ist das inferentialistische Verständnis von Bedeutungen (semantischen Gehalten) einer Behauptung artikuliert. Aber wie kommen aus dieser Perspektive Bedeutungen (semantische Gehalte) von Behauptungen zustande – wie formieren sie sich? In ihrer Antwort auf diese Frage offenbart die inferentialistische Semantik ihre pragmatistische Dimension. Brandom weist an dieser Stelle zunächst darauf hin, dass aus semantisch gehaltvollen Behauptungen aufgrund der materialen Inferenzen, in die sie eingebettet sind, *sprachliche Rechte und Pflichten* folgen. Wer z. B. behauptet: »Jetzt blitzt es hier in der Nähe«, ist nicht nur berechtigt, sondern auch verpflichtet zu behaupten: »Bald donnert es hier in der Nähe«, weil »Zum Zeitpunkt t blitzt es in der Nähe von Ort O« → »Kurz nach t donnert es in der Nähe von O« eine materiale Inferenz ist. Diese assertorische (= mit Behauptungen korrelierte) *Berechtigung* und *Verpflichtung* verleiht dem Sprecher einen *deontischen Status*, also einen Status, in dem er gewissen normativen Forderungen unterliegt, welche Inferenzen er *vollziehen soll*. Und wie erhalten Sprecherinnen diesen deontischen Status? Indem sie von anderen Sprecherinnen als (nicht) berechtigt oder (nicht) verpflichtet *behandelt* werden, bestimmte materiale Inferenzen zu vollziehen, unter anderem indem sie diejenigen Sprecher, die tun, wozu sie sprachlich berechtigt oder verpflichtet sind, positiv sanktionieren, und diejenigen Sprecher, die tun, wozu sie sprachlich nicht berechtigt sind, oder nicht tun, wozu sie sprachlich verpflichtet sind, negativ sanktionieren. Das Vollziehen materialer Inferenzen durch berechtigte oder verpflichtete Sprecherinnen und das Behandeln anderer Sprecher als berechtigt oder verpflichtet, Inferenzen zu vollziehen, sind die *impliziten sprachlichen Praktiken*, die zur Formierung semantisch gehaltvoller Behauptungen führen.

**3.170** *Semantische Gehalte (Bedeutungen) und sprachliche Praktiken*

(1) Wenn p → q eine materiale Inferenz ist, so ist jede Sprecherin, die p behauptet, *sprachlich berechtigt und verpflichtet*, auch q zu behaupten, doch eine Sprecherin, die q behauptet, ist *nicht sprachlich verpflichtet*, auch p zu behaupten. Wenn q

→ ¬ p eine materiale Inferenz ist, dann ist kein Sprecher, der q behauptet, *sprachlich berechtigt* (und erst recht nicht verpflichtet), auch p zu behaupten.

(2) Mit sprachlichen Rechten und Pflichten übernehmen Sprecher einer natürlichen Sprache einen deontischen Status, der sie unter einen normativen Druck stellt, bestimmte materiale Inferenzen zu *vollziehen*.

(3) Sprecherinnen einer natürlichen Sprache erhalten sprachliche Rechte und Pflichten dadurch, dass andere Sprecherinnen sie mit Hilfe von Sanktionen als berechtigt oder verpflichtet *behandeln*, bestimmte materiale Inferenzen zu vollziehen.

(4) Materiale Inferenzen sind nur operativ, wenn sie von Sprechern vollzogen werden.

(5) In (2) und (3) werden die grundlegenden (impliziten) *sprachlichen Praktiken* genannt, in deren Rahmen bestimmte materiale Inferenzen allererst vollzogen werden.

(6) Aus (1)–(5) folgt, dass sich semantisch gehaltvolle Behauptungen nur vermöge sprachlicher Praktiken formieren. Damit ist der *pragmatistische theoretische Hintergrund* der inferentialistischen Semantik skizziert.

Wenn ein Sprecher im Rahmen einer sprachlichen Kommunikation eine neue Behauptung einbringt oder eine frühere Behauptung verwirft, dann verändert er aufgrund des semantischen Holismus für Behauptungen (3.169 (4)) die inferentiellen Rollen und damit die Bedeutungen seiner Sätze, indem er neue Sätze behauptet oder bisherige Behauptungen verwirft. Darüber hinaus involviert jede Behauptung bestimmte Begründungspflichten. Daher ist das holistische Netz der inferentiellen Rollen und Bedeutungen von Behauptungen auch ein Ausdruck der sprachlichen Rechte und Pflichten, also des deontischen Status. Neue Behauptungen innerhalb einer sprachlichen Kommunikation verändern demnach auch die sprachlichen Rechte und Pflichten des Sprechers, und sowohl der Hörer als auch der Sprecher selbst müssen diese Veränderungen im Sinn behalten und gegebenenfalls abrufen können, wenn ihre sprachliche Kommunikation erfolgreich sein soll. Sie müssen – metaphorisch gesprochen – die semantischen Spielstände oder Punktestände ihrer Kommunikation sammeln. Das ist das deontische Punkte-Sammlungsmodell sprachlicher Kommunikation:

**3.171** *Sprachliche Kommunikation*

(1) In einer sprachlichen Kommunikation zwischen mehreren Personen bringen die jeweiligen Sprecher neue Behauptungen vor oder verwerfen alte Behauptungen. Damit verändern sie aufgrund des semantischen Holismus (3.137)
   (a) die inferentiellen Rollen und folglich auch die Bedeutungen all ihrer Behauptungen, und
   (b) ihre sprachlichen Rechte und Pflichten für die Begründungen ihrer Behauptungen.

(2) Erfolgreiche Kommunikation setzt voraus, dass alle Beteiligten – Sprecher wie Hörer – die beiden in (1)(a) und (b) genannten Veränderungen registrieren, speichern und abrufen können, ähnlich wie in einem Spiel den Spielstand oder Punktestand.

(3) Mit (1) und (2) ist das *deontische Punkte-Sammlungsmodell erfolgreicher sprachlicher Kommunikation* umrissen.

Die inferentialistische Semantik geht davon aus, dass die in 3.169–3.171 skizzierten sprachlichen Praktiken *implizite* Handlungen darstellen, die keine theoretische Reflexion und folglich auch kein semantisches Vokabular voraussetzen. Aber eine Semantik als Theorie semantisch gehaltvoller sprachlicher Einheiten hat die Aufgabe, die impliziten sprachlichen Praktiken *explizit zu machen* und dabei auch das semantische Vokabular einzuführen. Semantische Begriffe wie »Wahrheit« (1.7), »Referenz« (1.10) und »Intentionalität« (3.133) beschreiben das Verhältnis semantisch gehaltvoller Gedanken und Sätze zur Welt. Die inferentialistische Semantik muss diese semantischen Begriffe aus ihrer pragmatistischen Perspektive dadurch klären, dass sie untersucht, was durch den *Gebrauch* dieser Begriffe ausgedrückt wird – was wir *tun*, wenn wir sie in sprachlichen Praktiken anwenden. Wir wollen uns dieses Vorgehen für den Begriff der Wahrheit und den Begriff der Referenz ansehen.

Betrachten wir beispielsweise den Satz:
Es ist wahr, dass der Einfluss des postmodernen Denkens zurückgeht.

Was *tun* wir genauer mit sprachlichen Mitteln, wenn wir in (1) die Phrase »es ist wahr« verwenden? Die inferentialistische Semantik reformuliert Satz (1) in Gestalt von Satz

(2) (a) Der Einfluss des postmodernen Denkens geht zurück. (b) Das ist wahr.

Und die Ersetzung des Wahrheitsbegriffs in (2) führt zu

(3) (a) Der Einfluss des postmodernen Denkens geht zurück. (b) Das möchte ich ausdrücklich betonen, oder (b)* Das möchte ich ebenfalls behaupten (wobei (b) vom Sprecher von Satz (a), (b)* dagegen von einem anderen Sprecher gesagt wird).

Mit den Sätzen (b) und (b)* in (2) und (3) beziehen wir uns zurück auf den vorhergehenden Satz (a). Einen solchen Rückbezug nennt man auch *Anaphora.* In anaphorischen (rückbezüglichen) Sätzen wird der Rückbezug so formuliert, dass ein Demonstrativpronomen für einen ganzen vorhergehenden Satz steht. Insofern sind die Sätze (b) und (b)* *Pro-Sätze.* Das ist der Kern der anaphorischen Wahrheitstheorie, die von der inferentialistischen Semantik vorgeschlagen wird. Das, was wir *tun*, wenn wir den Wahrheitsbegriff wie in (1) verwenden, besteht darin, dass wir einen bestätigenden anaphorischen Pro-Satz formulieren.

Wie lässt sich im Rahmen der inferentialistischen Semantik Referenz (1.10) fassen? Was *tun* wir mit sprachlichen Mitteln, wenn wir sprachlich auf Dinge in der Welt referieren? Die Antwort der inferentialistischen Semantik ist ein Verweis auf die sprachliche Praktik der Substitution. Sei N das Netz der akzeptierten materialen Inferenzen, dann bestimmt N, wie wir schon wissen, den semantischen Gehalt der in N eingebetteten Sätze (3.169). Daraus folgt unmittelbar: Zwei Sätze haben genau dann denselben semantischen Gehalt, wenn eine Substitution des einen durch den anderen Satz die Position des Ausgangssatzes in N nicht verändert. Die Operation der Substitution kann nun aber auch verwendet werden, um semantische Gehalte von Satzteilen zu bestimmen (zumindest wenn wir die Satzteile auf generelle und singuläre Terme einschränken): Sind ST und ST* Satzteile der Sätze S bzw. S*, so haben ST und ST* denselben semantischen Gehalt, falls eine Substitution des einen durch den anderen Satzteil die Position von S und S* in N nicht verändert.

Wie kann nun die Referenz von Satzteilen bestimmt werden? Die Operation der Substitution von Satzteilen ist eine *Äquivalenzrelation*, d. h. eine reflexive, symmetrische und transitive Relation. Denn jeder Satzteil ist mit sich selbst substituierbar; wenn Satzteil ST durch Satzteil ST* substituierbar ist, dann auch ST* durch ST; und wenn die

Satzteile ST durch ST* und ST* durch ST** substituierbar sind, dann auch ST durch ST**. Eine *Äquivalenzklasse* ist die Menge aller Elemente, die in einer gegebenen Äquivalenzrelation zueinander stehen. So ist z. B. Gleichaltrigkeit (in Bezug auf das Geburtsjahr) eine Äquivalenzrelation, und die zugehörige Äquivalenzklasse ist die Menge aller gleichaltrigen Menschen. Diese Menschen sind äquivalent (= gleichwertig) in Bezug auf das gleiche Alter, z. B. im Jahre 1989 geboren zu sein. Jedes Element dieser Äquivalenzklasse ist ein Repräsentant für diesen Bezug – z. B. steht jeder 1989 geborene Mensch in gleicher Weise für diese Äquivalenzklasse und referiert auf sie. Dasselbe gilt dem Vorschlag der inferentialistischen Semantik zufolge auch für die Äquivalenzrelation *sprachliche Substitution* und die zugehörige Äquivalenzklasse. Jedes Element der durch die Äquivalenzrelation *sprachliche Substitution* generierten Äquivalenzklasse referiert auf diese Äquivalenzklasse.

Und wie können schließlich singuläre und generelle Begriffe als die beiden grundlegenden Satzteile unterschieden werden? Wie im Rahmen der inferentialistischen Semantik nicht anders zu erwarten, tun sie dies durch ihre unterschiedlichen inferentiellen Rollen. Betrachten wir folgende Beispiele:

(a) Mozart lebte im 18. Jahrhundert → der Komponist der Jupiter-Symphonie lebte im 18. Jahrhundert.
(b) Mozart ging spazieren → Mozart bewegte sich.

Im Fall (a) ist die Folgerungsbeziehung umkehrbar und somit symmetrisch, im Fall (b) ist sie nicht umkehrbar und somit asymmetrisch. Singuläre Begriffe sind in Netze symmetrischer Inferenzen eingebettet, generelle Begriffe dagegen in Netze asymmetrischer Inferenzen.

**3.172** *Anaphorische Wahrheit und substitutive Referenz*

(1) Anaphorische Wahrheit:

(a) Eine *Anaphora* ist ein sprachlicher Rückbezug. Mit *Pro-Sätzen* der Form »Das ist wahr« oder »Das behaupte ich auch« oder »Dem stimme ich zu« usw. können wir uns *anaphorisch* auf einen vorhergehenden Satz *zurückbeziehen.*

(b) Sprecherin S äußert den Satz »Es ist wahr, dass X« genau dann, wenn S oder eine andere Sprecherin (i) den Satz »X. Das bestätige ich« behauptet und sich dabei mit dem Pro-Satz »Das bestätige ich« anaphorisch auf X zurückbezieht, und (ii) die mit der Behauptung von »p« verbundenen inferentiellen Rechte und Pflichten übernimmt.

(c) Mit (a) und (b) ist der Kern einer *anaphorischen Wahrheitstheorie* artikuliert: Wahrheit ist bestimmbar durch die sprachliche Praktik eines anaphorischen Bezugs von bestätigenden Pro-Sätzen auf einen gegebenen Satz.

(2) Substitutive Referenz:

(a) Zwei Sätze oder Satzteile haben genau dann denselben semantischen Gehalt, wenn eine Substitution des einen durch den anderen Satz die Position des Ausgangssatzes im zugrundeliegenden semantischen Netzwerk nicht verändert.

(b) Eine *Äquivalenzrelation* ist eine reflexive, symmetrische und transitive Relation (zu Relationen 1.3, zu Äquivalenzrelationen Aufgabe 3 (b) zu Kapitel 1).

(d) Eine *Äquivalenzklasse* ist die Menge aller

Elemente, die in einer gegebenen Äquivalenzrelation zueinander stehen. Jedes Element dieser Äquivalenzklasse ist ein Repräsentant für diese Äquivalenzklasse und *referiert* auf sie.

(e) Sprachliche Substitutionen von singulären und generellen Begriffen sind Äquivalenzrelationen. Jeder singuläre und generelle Begriff ist ein Repräsentant der zugehörigen Äquivalenzklasse und referiert auf sie.

(f) Singuläre und generelle Begriffe lassen sich durch ihre unterschiedlichen inferentiellen Netze unterscheiden: Singuläre Begriffe sind in symmetrische Inferenzen eingebettet, generelle Begriffe dagegen in asymmetrische Inferenzen.

(g) Mit (a)–(f) ist der Kern einer *substitutiven Referenztheorie* artikuliert: Referenz ist bestimmbar durch die sprachliche Praktik der sprachlichen Substitution.

Nach 3.172 scheinen Wahrheit und Referenz innersprachliche Relationen zu sein. Diese Konsequenz nährt den Verdacht, dass die inferentialistische Semantik den Bezug der Sprache auf die nicht-sprachliche Welt nicht zu erklären vermag. Ob dieser Verdacht berechtigt ist, kann hier nicht diskutiert werden. Zumindest sollte aber erwähnt werden, dass bereits die rein inferentielle Bestimmung semantischer Gehalte (3.169) einen ähnlichen Verdacht nahelegt. Denn es ist schwer vorstellbar, dass reine Laute, die noch nicht semantisch gehaltvoll sind – etwa die Laute »aff – eff – off – uff« allein dadurch semantischen Gehalt gewinnen können, dass wir bestimmte Inferenzen unter ihnen festlegen, etwa aff → off, uff → eff, off → eff. Denn es scheint keinen Grund zu geben, warum gerade diese Inferenzen und nicht andere Inferenzen zwischen diesen Lauten gelten sollten.

### *Davidson und die interpretationistische Semantik*

Der Interpretationismus will nicht nur klären, wie der Prozess des Verstehens propositionaler Gehalte (3.139) funktioniert, er will zugleich damit auch erklären, was propositionale Gehalte und Bedeutungen sind, ohne die Begriffe von semantischem Gehalt und Bedeutung schon vorauszusetzen. Dabei geht es nicht um eine Theorie menschlicher Sprachfähigkeit allgemein, sondern um eine Bedeutungstheorie für jeweils einzelne natürliche Sprachen. Zwei grundlegende Ideen sind für den Interpretationismus leitend:

**3.173** *Zwei grundlegende Ideen des Interpretationismus*

(1) (a) Die Begriffe von Bedeutung und semantischem Gehalt müssen theoretisch auf der Grundlage des Wahrheitsbegriffes eingeführt werden, so dass klar wird, dass semantische Gehalte und Bedeutungen keine eigenen mysteriösen Entitäten sind (erste Idee).
(b) Die Existenz propositional gehaltvoller mentaler Zustände (3.104) ist abhängig davon, dass ihre Träger eine natürliche Sprache meistern, sich gegenseitig mit sprachlichen Mitteln interpretieren und auf dieser Grundlage auch sich selbst interpretieren (zweite Idee).

(2) Eine Theorie des Verstehens (3.139) und der sprachlichen Kommunikation muss daher eine *ex-*

*tensionale Wahrheitstheorie für natürliche Sprachen* sein, die die sprachliche Kommunikation erklärt, ohne auf Bedeutungen und semantische Gehalte als theoretisch grundlegenden Entitäten zurückzugreifen.

Im *grundlegenden Szenario des Interpretationismus* wird davon ausgegangen, dass Sprecher einer *Metasprache MS* eine fremde *Objektsprache OS* verstehen (wollen) und dass die Sprecher die Objektsprache verstehen, wenn sie die Objektsprache *in ihre Metasprache übersetzen* können (1.6 (2)).

Diese Vorgänge können besser untersucht werden, wenn man sich in Gestalt eines Gedankenexperiments in die Extremsituation der *radikalen Interpretation* versetzt. Sprecher S* begegnen anderen Sprechern S einer Objektsprache, ohne diese Objektsprache in irgendeiner Hinsicht zu verstehen. In dieser Situation werden die S*, um die Objektsprache OS kennen zu lernen, zustimmende satzartige Äußerungen (Satz-Tokens) s von S in OS mit Sätzen vergleichen, die sie selbst in ihrer eigenen Sprache, eben der Metasprache MS, in derselben Situation zustimmend äußern würden. Dabei verwenden sie den *Wahrheitsbegriff*. Daher heißen diese Vergleiche, die in logischer Hinsicht materiale Äquivalenzen sind, auch *Wahrheitstheoreme* oder *T-Theoreme* (wobei *T* für »true« steht) oder zuweilen auch *T-Äquivalenzen* (3.145–3.147).

Wenn beispielsweise Barbara, eine Sprecherin des Deutschen, die kein Wort Englisch spricht, in eine englische Sprachgemeinschaft kommt, könnte sie feststellen:

(T1) Sprecher des Englischen äußern zustimmend den Satz »The traffic is heavy today« am Trafalgar Square in London am 5. Mai 2000 genau dann, wenn der Verkehr am Trafalgar Square in London am 5. Mai 2000 dicht ist.

Diese Feststellung kann ein wenig allgemeiner formuliert werden:

(T2) Im Englischen ist der Satz »The traffic is heavy today« am Trafalgar Square in London am 5. Mai 2000 wahr genau dann, wenn der Verkehr am Trafalgar Square in London am 5. Mai 2000 dicht ist.

Die Feststellung (T2) ist in deutscher Sprache formuliert, aber sie *zitiert* einen Satz der englischen Sprache (in Anführungszeichen). Die deutsche Sprache ist also in (T2) die *Metasprache* relativ auf die englische Sprache, und das Satz-Zitat »The traffic is heavy today« ist ein *metasprachlicher Name* des englischen Satzes im Deutschen. In (T2) kommt also nicht ein englischer Satz vor, sondern ein metasprachlicher Name eines englischen Satzes: Der englische Satz wird in (T2) nicht gebraucht, sondern genannt (d. h. zitiert).

### 3.174 *Wahrheitstheoreme (T-Theoreme)*

(1) *Wahrheitstheoreme (T-Theoreme)* sind Sätze der Form:

(T*) s in OS ist zur Zeit t am Ort r *wahr* genau dann, wenn p zu t an r (wobei »p« ein Satz der Metasprache MS und »s« der Name eines Satzes der Objektsprache OS in der Metasprache MS ist (das *Wahrheitstheorem T** ist ja in der Metasprache MS formuliert)).

(2) Die Aufstellung von Wahrheitstheoremen (T-Theoremen) ist der erste Schritt auf dem Weg zum Verstehen einer fremden natürlichen Objektsprache OS für Sprecher einer Metasprache S.

Falls sich (T*) für hinreichend viele Orte und Zeiten bestätigt, können die Sprecher zu dem *vereinfachten und verallgemeinerten Wahrheitstheorem* (oder kurz: *T-Theorem*)

(T) s ist *wahr* gdw p

übergehen, z. B.

(T3) »The traffic is heavy today« ist wahr gdw der Verkehr dicht ist.

In diesen verkürzten Fassungen des T-Theorems wird deutlicher, dass die Wahrheit im Sinne der Zitat-Tilgungstheorie der Wahrheit verstanden wird.

Ein T-Theorem ist noch *nicht* eine Bedeutungsangabe des zitierten Satzes in der Metasprache. Beispielsweise könnte das T-Theorem

(T4) »The traffic is heavy today« ist wahr gdw viele Lastwagen auf der Straße sind

durchaus zutreffend sein – in einem *empirischen* Sinne. T-Theoreme sind also zunächst empirische Feststellungen über linguistische Äußerungen in bestimmten beobachtbaren Situationen. Aber wenn die Sprecher für hinreichend viele Sätze einer Objektsprache T-Theoreme etabliert haben (als *empirische Basis* für die Interpretation der Objektsprache), können sie *hypothetisch rationale Verbindungen zwischen den Sätzen der Objektsprache herstellen*. Diese Verbindungen repräsentieren Begründungs- und Ableitungsstrukturen in der Objektsprache – und damit das Postulat grundlegender Axiome (1.40), aus denen sich T-Theoreme für alle Sätze der Objektsprache herleiten lassen sollten. Auf diese Weise wäre eine *Bedeutungstheorie für die Objektsprache, formuliert in der Metasprache*, etabliert. Das *Verstehen* der Objektsprache in der Metasprache heißt im Kern, über eine Bedeutungstheorie dieser Art für die Objektsprache zu verfügen (diese Theorie muss sich an den ableitbaren T-Theoremen bewähren, und sie beruht selbstverständlich auf einem Holismus, 3.137). Erst wenn aus einer bewährten Bedeutungstheorie für OS in MS ein T-Theorem der Form T ableitbar ist, *gibt p die Bedeutung oder den propositionalen Gehalt von s an.*

Ein kleines Beispiel für eine Situation der radikalen Interpretation soll das Konzept illustrieren:

Emma, die des Deutschen mächtig ist, aber kein Wort Englisch spricht, kommt in eine englische Sprachgemeinschaft hinein. In der ersten Situation S1 schauen Emma und einige Engländer auf ein Objekt, das Emma im Deutschen »Haus« nennen würde, und das Haus ist ziemlich groß. Die Engländer sagen »This is a big door«, und Emma registriert zunächst:

T0 Engländer sagen in S1 »This is a big door« gdw dort ein großes Haus ist.

Nehmen wir an, dieser Satz gilt auch für eine weitere Situation S2, dann wird Emma bereits vermuten:

T1 »This is a big door« ist wahr gdw dort ein großes Haus ist.

Diese These T1 ist bereits ein *T-Theorem* (T steht für »true«). T1 ist selbst sicher für S1 und S2 *wahr*. Aber das T-Theorem gibt noch nicht die *Bedeutung* des englischen Satzes an, es ist nur *extensional* wahr, im Sinne der Wahrheit einer materialen Äquivalenz: In den bisher geprüften Situationen wurden die Äußerungen in Gegenwart großer Häuser gemacht – und das auch nur für S1 und S2, jedoch noch nicht für viele weitere Situationen.

Für eine solide Bedeutungsangabe muss Emma weitere Situationen prüfen. Sie kommt vielleicht in Situation S3: Erneut stehen sie vor einem großen Haus, vor der Rückseite, und die Engländer sagen, zu Emmas Überraschung »This is a big house«, während sie selbst wieder sagen würde, dass dort ein großes Haus ist. Also: S3 *falsifiziert* T1 (= beweist die Falschheit von T1, 1.23). Aber wenn Emma die Situationen weiter durchprüft und auch englische Äußerungen analysiert, in denen »big« und »house« und »this« in anderen Zusammenhängen vorkommen (z. B. wenn sie in S4 *in* einem Haus sind und auf eine sehr große Tür starren und die Engländer wieder sagen »This is a big door«), wird Emma endlich vermuten:

T2 »This is a big door« ist wahr gdw dies eine große Tür ist.

Wenn und soweit T2 sich weiter *empirisch* bewährt, kann Emma die vorläufige Hypothese formulieren, dass T2 die *Bedeutung* des englischen Satzes im Deutschen, oder eine angemessene *Übersetzung* des englischen Satzes in den deutschen Satz angibt.

Die weitere Bewährung des T-Theorems hängt zusätzlich noch von der Verifizierung von *Verbindungen* und *Folgerungen* von Begriffen und Sätzen im Englischen und Deutschen ab; z. B. wäre

T3 »Doors are entries to houses« ist wahr gdw Türen Eingänge von Häusern sind,

ein T-Theorem, das bereits eine Vernetzung von Begriffen anzeigt. Auf diese Weise könnte Emma für das Englische ein ganzes *Netz* von Behauptungen und Begriffsverbindungen über T-Theoreme aufbauen, das sie in das Deutsche übersetzen und damit verstehen kann. Je größer ein solcherart bewährtes Netz ist, desto weniger wahrscheinlich werden Irrtümer in den Bedeutungshypothesen. Das große Netz stellt dann die *Bedeutungstheorie* dar.

Die interpretationistische Semantik hat *weitreichende Konsequenzen für unsere Idee von einem gelingenden Verstehen*:

(1) Die Sprecher von OS und MS äußern überwiegend wahre Sätze. Andernfalls wäre das Faktum gelingenden Verstehens unerklärlich.

(2) Die Interpreten S* müssen den Interpretanden S

überwiegende Rationalität (einschließlich einer elementaren Logik) in den normativen Verbindungen zwischen Sätzen ihrer Sprache OS unterstellen; die Interpretationstheorie sollte insbesondere die Übereinstimmung zwischen Interpreten und Interpretanden in Hinsicht auf das Für-wahr-Halten von Äußerungen maximieren (Prinzip der Nachsicht, principle of charity).

(3) Die nach dem Prinzip der Nachsichtigkeit zu unterstellende Rationalität für S muss dieselbe Rationalität sein, die S* im Verstehen ihrer eigenen Sprache MS unterstellen: Diese basale Rationalität muss zutiefst universell sein.

(4) Die Rationalität, die für wechselseitiges Verstehen zu unterstellen ist, ist konstitutiv dafür, dass Lautfolgen eine bedeutungsvolle Sprache und mentale Episoden propositional gehaltvoll sind; diese tiefste Form der Rationalität ist daher nicht optional, sondern essentiell für alle Wesen, die eine Sprache sprechen und semantisch gehaltvolle Gedanken haben.

(5) Wahrheit und Falschheit, Rationalität und Irrationalität, Verstehen und Missverstehen sind nicht symmetrisch: Falschheit und Irrationalität lassen sich nur auf der Grundlage umfassender Wahrheit und gemeinsamer Rationalität identifizieren; das Andersartige und Fremde lässt sich nur auf Basis von Übereinstimmungen verstehen. Es gibt verschiedene Begriffsschemata (2.52, Passage nach 4.205), aber sie müssen sich ineinander übersetzen lassen: Es kann keine Sprachen geben, die wir prinzipiell nicht verstehen können. Mengen von Lauten, die prinzipiell unverständlich sind, sind keine Sprachen.

**3.175** *Interpretationismus, Skeptizismus und Relativismus*

(1) Wenn Wesen einander verstehen können, müssen die meisten ihrer Meinungen und Äußerungen wahr sein.
(2) Für alle Wesen, die eine bedeutungsvolle Sprache sprechen, ist eine basale universelle Rationalität konstitutiv.
(3) Radikaler Skeptizismus (4.191 (3), nach 4.200) und radikaler Relativismus sind unhaltbar.

Die basale universelle Rationalität, die nach 3.160 für gelingendes Verstehen wesentlich ist, lässt sich noch genauer kennzeichnen:

**3.176** *Basale universelle Rationalität*

Die *basale universelle Rationalität*, die die Interpreten im Verstehen von Äußerungen, Gedanken und Handlungen unterstellen müssen, ist im Wesentlichen gekennzeichnet durch die Annahmen, dass die Interpretanden
(a) das Offensichtliche glauben,
(b) nicht offen und verbreitet an Widersprüche glauben,
(c) sich diejenigen Meinungen bilden, für die ihre Gründe alles in allem sprechen,
(d) und angesichts widerspenstiger Phänomene ihre Meinungen so adjustieren, dass sie möglichst wenige ihrer Meinungen ändern müssen.
Mit (a)–(d) ist das *Prinzip der Nachsicht* umrissen.

Die interpretationistische Verstehenstheorie bezieht sich nicht nur auf das Verstehen von bedeutungsvollen Sätzen, sondern auch auf das Verstehen von gehaltvollen Gedanken. Eine der Kernthesen des Interpretationismus ist, dass das Verstehen von Gedanken *nur* über das Verstehen von Sätzen oder Äußerungen möglich ist. Wenn eine Person S1 *äußert*, dass Davidson ein brillanter Philosoph ist, und wenn eine Person S2 diese Äußerung versteht, dann liegt es für S2 nahe, der Person S1 die *Meinung* (= psychische Einstellung des Meinens gegenüber einem propositionalen Gehalt) zuzuschreiben, dass Davidson ein brillanter Philosoph ist.

Allerdings hat die Interpretin S2 vor allem dann Anlass, dem Interpretanden S1 eine Meinung, also einen mentalen Zustand zuzuschreiben, wenn sie die Sprache von S1 hinreichend versteht und dann feststellen muss, dass eine Äußerung von S1 (nach Auffassung von S2) *falsch* ist. Falsche und zugleich verständliche Äußerungen einer Person geben den Interpreten einen guten Grund, den Interpretanden Gedanken zuzuschreiben. Mentale semantisch gehaltvolle Episoden werden dem Interpretationismus zufolge als unbeobachtbare, theoretische Entitäten postuliert, um diese linguistischen Verhältnisse zu erklären (man unterteilt gewöhnlich alle deskriptiven Ausdrücke eines Vokabulars in Beobachtungstermini, die Beobachtbares beschreiben, und theoretische Termini, die prinzipiell Unbeobachtbares, d. h. theoretische Entitäten, bezeichnen. Theoretische Termini haben sich in allen Wissenschaften als unverzichtbar erwiesen (vgl. nach 4.210 und nach 4.211)). Daraus ergibt sich eine gestufte Sprachabhängigkeitsthese für Gedanken:

**3.177** *Sprachabhängigkeitsthese des Interpretationismus*

(1) Das Postulat propositional gehaltvoller mentaler Zustände (3.104) bei fremden Personen und das Verstehen dieser Zustände (3.139) ist abhängig vom Verstehen der propositionalen Gehalte der Äußerungen dieser Personen.
(2) Dieselben Interpretationsprinzipien, die für das Verstehen von sprachlichen Äußerungen und Sätzen gelten, gelten auch für das Verstehen von propositional gehaltvollen Gedanken.
(3) Die Kenntnis und das Verstehen der eigenen Äußerungen und Gedanken folgen dem Modell der Kenntnis und des Verstehens der Äußerungen und Gedanken fremder Personen.

Das angemessene Verstehen muss sich stets *zugleich* auf Äußerungen und Gedanken richten: Die propositionalen Gehalte *sowohl* der Äußerungen einer Person *als auch* ihrer Gedanken müssen in einen möglichst konsistenten Zusammenhang gebracht werden.

Der Interpretationismus ist unvereinbar mit einem naiven philosophischen Realismus in Hinsicht auf semantisch gehaltvolle Gedanken und bedeutungsvolle Sätze. Semantisch gehaltvolle Gedanken und bedeutungsvolle Sätze sind nicht schlicht gegeben, so dass wir sie dann mittels Verstehensakten erfassen, sondern die wechselseitigen Interpretationsversuche in einer Sprachgemeinschaft tragen wesentlich zur Entstehung von semantischen Gehalten und Bedeutungen bei. Erst die Geschichte wechselseitiger Interpretationsversuche (3.158–3.162) konstituiert Gedanken und Sätze mit propositionalen Gehalten durch das Aufstellen einer empirischen Interpretationstheorie nach interpretationistischen Kriterien.

Wie bereits erwähnt, ist der Interpretationismus eine weitere Variante einer externalistischen Theorie der sprachlichen Repräsentationstheorie (d. h. einer Theorie propositionaler Gehalte und Bedeutungen, 3.150 (2)). Dieser Externalismus ist allerdings nicht nur über die Geschichte der Wechselwirkungen zwischen Sprachbenutzern und externen Ereignissen, sondern auch über die Geschichte der *interpretatorischen* Wechselwirkungen *unter den Sprachbenutzern* bestimmt. Die *Beziehungen* zwischen Gedanken und Sätzen sind dem Interpretationismus zufolge *logischer* und *normativer* Art und haben über den *Holismus* der semantischen Gehalte und Bedeutungen (3.137) Einfluss auf die *Individuierung* propositionaler Gehalte. Der Interpretationismus liefert auch eine tiefere Begründung für die Unterscheidung zwischen dem Reich der Natur und dem logischen Raum der Gründe – vor allem aber auch eine Begründung für die methodische Differenz von Geisteswissenschaften und Naturwissenschaften:

Die Subjektphilosophie, das zentrale Paradigma der Philosophie seit der Frühmoderne, hat das Subjekt ontologisch, epistemologisch und moralphilosophisch in den Mittelpunkt ihrer Theorien gerückt. Die grundlegenden Thesen der Subjektphilosophie lauten, dass das Fundament unseres Wissens in inneren, introspektiv zugänglichen semantisch gehaltvollen Sinnesdaten besteht, dass wir uns ferner nur über die Sinnesdaten und ihre semantischen Gehalte auf die Welt beziehen können und dass das Verstehen unserer selbst die Grundlage für das Verstehen anderer Menschen ist. Diese Thesen wurden später kritisch *Mythos des Subjektiven* genannt.

Der Interpretationismus attackiert den *Mythos des Subjektiven*, denn der Interpretationismus behauptet: Unsere Gedanken sind ihrem semantischen Gehalt nach prinzipiell anderen Menschen zugänglich. Wir verstehen *uns* prinzipiell nicht besser, als andere uns verstehen. Nur auf Basis gegenseitigen Verstehens ist es möglich, sich selbst zu verstehen. *Das Subjekt hat keinen semantischen Primat*, keinen privilegierten Zugang zu den semantischen Gehalten seiner Gedanken. Der Gedanke oder die Äußerung, dass p, wird in den einfachsten Fällen ausgelöst durch die externe Tatsache p (*kausale Referenztheorie*: 3.157). Auf dieser Tatsache beruht die Möglichkeit, T-Theoreme zu etablieren, und deshalb müssen die meisten unserer Gedanken und Äußerungen wahr sein *(externalisierte Erkenntnistheorie)*. Das Fundament unseres Wissens besteht daher nicht in inneren Sinnesdaten (4.181), die als Basis für Rechtfertigungen von Wissensansprüchen dienen können. Vom Mythos des Subjektiven bleibt nur die *Autorität der ersten Person* (3.167 (2)(a)): Jede Person hat in dem Sinne introspektiv einen privilegierten Zugang zu ihren eigenen Gedanken, als sie am besten und sicher wissen kann, welche Gedanken sie überhaupt jeweils hat (aber das impliziert *nicht*, dass jede Person ihre eigenen Gedanken am besten, oder unabhängig von den Interpretationen anderer Personen verstehen kann).

**3.178** *Interpretationismus und Mythos des Subjektiven*

(1) Der Interpretationismus bestreitet die folgenden Thesen:
   (a) Das Fundament des Wissens liegt im Subjekt, und semantische Gehalte sind ganz und gar im Kopf: Erst über semantische Gehalte können wir uns auf die Welt beziehen.
   (b) Das Verstehen unserer selbst ist Basis für das Verstehen anderer.
   (c) Das Fundament unseres Wissens besteht aus inneren, introspektiv zugänglichen Sinnesdaten (4.181).

(2) Die Thesen (a)–(c) machen den Kern der traditio-

nellen Subjektphilosophie aus. Der Interpretationismus entlarvt nach (1) diesen Kern als einen *Mythos des Subjektiven.*

Zum besseren Verständnis des Interpretationismus ist es hilfreich, in einem kurzen Exkurs den technischen Aufbau einer interpretationistischen Theorie zu erläutern.

### *Modell einer davidsonianischen Interpretationstheorie*

Eine interpretationistische Theorie des Verstehens sollte einigen allgemeinen Anforderungen genügen:

**3.179** *Adäquatheitsbedingungen für eine interpretationistische Theorie des Verstehens und Bedeutungstheorie (BT)*

(R) Eine adäquate BT für eine Sprache S gibt die Bedeutungen von Sätzen aus S derart an,
- (i) dass die Bedeutung aller bzw. beliebiger Sätze von S aus BT ableitbar sind,
- (ii) dass die Bedeutung komplexer Sätze in dem Sinne von der Bedeutung ihrer Teile abhängt, dass die Teile einen systematischen Beitrag zur Bedeutung der Sätze leisten,
- (iii) dass für die atomaren Bestandteile der Sätze aus S keine Bedeutungen als spezielle Entitäten postuliert werden, sondern allenfalls singuläre Entitäten als Referenten (Bezug),
- (iv) dass nach (i)–(iii) insgesamt in BT keine Bedeutungen als spezielle Entitäten postuliert werden,

(v) und dass zur Formulierung von BT eine gebrauchte und verstandene Metasprache benutzt wird.

Nach (iv) aus (R) bleibt die BT rein extensional (sie entspricht dem Prinzip ontologischer Sparsamkeit als Forderung reduktiver Metaphysik; vgl. vor 2.42, 2.65, Passage vor 2.65). Die Bedingung (i) aus (R) kann und muss genauer qualifiziert werden: Die Angabe der Bedeutung eines Satzes s aus S erfolgt konsistent mit nominalistischen Grundsätzen, d. h. wegen (iv) und (v) aus (R) weder in der Form »s bedeutet m« (mit einem Nominator (1.2) »m«, der auf eine Bedeutungsentität verweist), noch in der Form »s bedeutet, dass q« (mit einem intensionalen Kontext »… bedeutet, dass …«), sondern in der extensionalen Form

(*) s ist W gdw p

(»s« ist metasprachlicher Name eines objektsprachlichen Satzes »t«, und »p« ist gleich »t«, wenn die Objektsprache Teil der Metasprache ist; »p« ist eine Übersetzung von »t« in eine Metasprache, wenn die Objektsprache nicht Teil der Metasprache ist; ferner ist »W« irgendein vorläufig noch nicht näher bestimmtes Prädikat, das auf Sätze zutrifft).

Wenn eine adäquate BT Sätze der Form (*) für alle Sätze s aus S impliziert, so dass die Bedingungen (ii)–(v) aus (R) erfüllt sind, dann *zeigt sich* (lässt sich *entdecken*), dass das Prädikat ›W‹ in (*) der Wahrheitsbegriff in der geeignet interpretierten Tarski-Semantik ist. Demnach ist in einer adäquaten Bedeutungstheorie der Wahrheitsbegriff der zentrale semantische Grundbegriff.

Beginnen wir mit einem *Beispiel*, um auf dieser Grundlage ein kleines Miniaturmodell einer davidsonianischen Interpretationstheorie aufzubauen.

Lisa ist eine der wenigen deutschen Ethnologinnen, die auch Linguistik und Sprachphilosophie studiert haben, aber kein Wort Englisch sprechen (Lisa ist frenetisch frankophil und spricht daher perfekt Französisch). Auf einer ihrer Reisen trifft sie auf einen Stamm menschenähnlicher Wesen, die gewisse Laute von sich geben, und Lisa vermutet, dass es sich um eine natürliche Sprache handelt. Sie möchte daher versuchen, diese Sprache zu lernen – denn sie möchte professionell testen, wie Sprecher einer natürlichen Sprache die unbekannten Sprachen fremder Völker im Rahmen der Feldforschung verstehen lernen. Schnell findet sie heraus, dass die Lareten – so hat sie den Stamm für sich getauft – nur in extrem wenigen Situationen extrem wenige unterschiedliche Laute produzieren. Denn die Lareten reagieren, so scheint es Lisa, linguistisch auf das Auftauchen von zwei verschiedenen Lebewesen, die Lisa im Deutschen »Bären« und »Wildschweine« nennen würde. Ferner reagieren die Lareten linguistisch noch auf einen Gegenstand. Und Lisa hat das deutliche Gefühl, dass es sich in diesen Fällen stets um zustimmende linguistische Reaktionen der Lareten handelt.

Lisa beginnt nach einer Reihe dieser Beobachtungen einige Daten festzuhalten:

(i) Die Lareten sagen regelmäßig »bear«, wenn Lisa sagen würde »Dies ist ein Bär«.

(ii) Die Lareten schreien regelmäßig »dangerous« und rennen weg, wenn Lisa einen Bären sieht, und Lisa hat, weil sie sich bedroht fühlt, ebenfalls den starken Wunsch wegzurennen, wenn der Bär näher kommt – sie neigt spontan dazu, »Dieser Bär ist aber groß«, aber auch »Der ist gefährlich« zu schreien.

(iii) Die Lareten sagen manchmal »John« und manchmal »Fred«, wenn Lisa sagen würde »Das ist ein Bär«.

(iv) Die Lareten sagen regelmäßig »sow«, wenn Lisa sagen würde »Dies ist ein Wildschwein«.

(v) Die Lareten schreien regelmäßig »edible«, wenn sie ein Wildschwein sehen, und versuchen es zu fangen; und wenn sie eines gefangen haben, braten und verspeisen sie es. Lisa würde in diesen Situationen sagen: »Dieses Wesen ist aber klein und putzig.«

(vi) Die Lareten sagen manchmal »Mary« und manchmal »Emily«, wenn Lisa sagen würde »Das ist ein Wildschwein«.

(vii) Die Lareten sagen regelmäßig »home«, wenn sie einen Gegenstand sehen und in ihn hineingehen, den Lisa »Haus« nennen würde.

(viii) Die Lareten sagen manchmal »big«, wenn sie auf Häuser schauen, also wenn Lisa wieder sagen würde »Dies ist ein Haus«.

Aufgrund dieser Daten stellt Lisa zunächst folgende Hypothesen auf:

(1) Die Äußerung »bear« ist wahr (im Laretischen) gdw dies ein Bär ist.

(2) Die Äußerung »sow« ist wahr (im Laretischen) gdw dies ein Wildschwein ist.

(3) Die Äußerung »dangerous« ist wahr (im Laretischen) gdw dies ein Bär ist.

(4) Die Äußerung »edible« ist wahr (im Laretischen) gdw dies ein Wildschwein ist.

(5) Die Äußerung »home« ist wahr (im Laretischen) gdw dies ein Haus ist.

In Hinsicht auf die Wahrheitsbedingungen der übrigen Laute, die die Lareten von sich geben, ist Lisa sich weniger sicher. Und selbst in Hinsicht auf (1)–(5) ist sie nicht völlig überzeugt. Vielleicht heißt »edible« so viel wie »klein und putzig«, und »dangerous« eher »groß«? Aber irgendwann findet sie heraus, dass die Lareten beim Auftauchen von zwei bestimmten individuellen Bären »Fred« bzw. »John« sagen, und dass sie beim Auftauchen von zwei bestimmten individuellen Wildschweinen, die Lisa zu identifizieren lernt, »Mary« bzw. »Emily« sagen. Nachdem Lisa die beiden Bären und Wildschweine zu identifizieren gelernt hat, tauft sie die Tiere im Deutschen auf die Namen »Fritz«, »Johannes«, »Marie« und »Emilie«. Außerdem registriert Lisa, dass die Lareten auch manchmal »big« sagen, wenn Bären auftauchen, aber dies niemals äußern, wenn Wildschweine auftauchen. Und sie sagen »home« vor allem dann, wenn sie in ihr eigenes Haus hineingehen oder sich dort aufhalten. Deshalb vermutet Lisa, dass statt (5) gilt:

(6) Die Äußerung »home« ist wahr (im Laretischen) gdw dies das Heim der Sprecherin ist.

Und ferner:

(7) Die Äußerung »big« ist wahr (im Laretischen) gdw dies etwas Großes ist.

Aber im Laufe der Zeit bemerkt Lisa, dass die Lareten, wenn auch sehr undeutlich, noch zwei weitere Laute produzieren. Wenn z. B. Bären zusammen mit Wildschweinen auftauchen, sagen sie »bear and sow«, oder wenn Fred zusammen mit John auftaucht, sagen sie »Fred and John«. Manchmal gibt es auch Situationen, in denen etwa ein Bär in der Ferne sichtbar wird und Lisa ruft »John«, während die Lareten darauf damit reagieren, dass sie sagen »Fred, not John«. Als der Bär näher kommt, erkennt Lisa, dass es sich um Fred handelt. Sie vermutet daher:

(8) Die Äußerung »x and y« (wobei »x« und »y« Ausdrücke des Laretischen sind) ist wahr (im Laretischen) gdw r und s (wobei »r« und »s« die deutschen Ausdrücke sind, die nach (1)–(6) den laretischen Ausdrücken »x« und »y« zugeordnet sind).

(9) Die Äußerung »not x« (wobei »x« ein Ausdruck des

Laretischen ist) ist wahr (im Laretischen) gdw nicht r (wobei »r« der deutsche Ausdruck ist, der nach (1)–(6) dem laretischen Ausdruck »x« zugeordnet ist).

Lisa benutzt nun diese Daten, um *hypothetisch* eine Bedeutungstheorie für das Laretische aufzustellen. Als kundige Sprachphilosophin gibt sie zunächst Syntax und Semantik (1.41) dieser Sprache an; dabei vermutet sie im Sinne des Prinzips der Nachsichtigkeit (vgl. (2), (3) vor 3.160), dass die Lareten ihre wenigen Laute auch zusammensetzen, und zwar implizit im Sinne von Prädikationen (1.4) und logischen Verbindungen, wie sie die elementare zweiwertige Logik vorsieht:

*Syntax des Laretischen*

- *Alphabet:*
  Fred, John, Mary, Emily (Individuenkonstanten); bear, sow, home, big, dangerous, edible (Prädikatoren); and, not (logische Junktoren: 1.31).
- *Formregeln:*
  Individuenkonstanten können mit Prädikatoren kombiniert werden; diese Kombinationen heißen *Sätze.*
  Sätze können mit dem Präfix *not* versehen oder mit *and* verbunden werden; so ergeben sich wieder Sätze des Laretischen.
  Prädikatoren können kombiniert werden (als implizite allquantifizierte Sätze, 1.28).

*Semantik*

- *Bezeichnungsregeln:*
  »Fred«, »John«, »Mary« und »Emily« sind Eigennamen für Einzeldinge, und es gilt
  (f1) »Fred« bezeichnet Fritz,
  (f2) »John« bezeichnet Johannes,
  (f3) »Mary« bezeichnet Marie,
  (f4) »Emily« bezeichnet Emilie.

Diese Bezeichnungsregeln sind Zuordnungen, die wir auch als *Funktionen* auffassen können: Funktion f1 ordnet »Fred« dem Fritz zu, Funktion f2 ordnet »John« dem Johannes zu, Funktion f3 ordnet »Mary« der Marie zu, und Funktion f4 ordnet »Emily« der Emilie zu.

– *Satzfunktionen:*
  »bear«, »sow«, »home«, »big«, »dangerous«, »edible« sind *Satz*funktionen, die durch bestimmte einzelne Gegenstände erfüllt werden können (d. h. die wir in der Form »P(x)« als Abkürzung für »x ist P« schreiben können), und es gilt (für beliebige einzelne Gegenstände x):
  (1) x (ist) bear gdw x ein Bär ist,
  (2) x (ist) sow gdw x ein Wildschwein ist,
  (3) x (ist) home gdw x ein Heim ist,
  (4) x (ist) big gdw x groß ist,
  (5) x (ist) dangerous gdw x gefährlich ist,
  (6) x (ist) edible gdw x essbar ist.

Mit Blick auf diese konkrete Semantik des Laretischen können wir zwei *zentrale semantische Ausdrücke* im Rahmen unserer Bedeutungstheorie bestimmen

(a) *Erfüllung:* Eine Funktion, die den Eigennamen »e« (als *Argument der Funktion*) dem Gegenstand g (als *Wert der Funktion*) zuordnet, *erfüllt* die Satzfunktion »P(x)« gdw g ein Q-Ding ist (wobei »Q« der deutsche Prädikator ist, der nach der Liste (1)–(6) der Satzfunktionen des Laretischen dem laretischen Prädikator »P« zugeordnet ist).
(b) *Wahrheit:* Der Satz »P(a)« ist *wahr*, wenn es eine Funktion mit »e« als Argument gibt, die die Satzfunktion »P(x)« erfüllt.

- *Logische Semantik:*
  Sind »p« und »q« beliebige wohlgeformte Sätze des Laretischen, dann gilt:
  (S1) »p« ist falsch gdw »p« nicht wahr ist,
  (S2) »not p« ist wahr gdw »p« falsch ist,
  (S3) »p and q« ist wahr gdw »p« wahr ist und »q« wahr ist.

Zum axiomatischen Apparat unserer Bedeutungstheorie des Laretischen gehören dann verschiedene *Erfüllungsregeln* und *Wahrheitsregeln*, die angeben, unter welchen Bedingungen welche Funktionen im Laretischen nun tatsächlich welche Satzfunktionen erfüllen, und unter welchen Bedingungen welche Sätze des Laretischen tatsächlich wahr sind (die Axiomatisierung (1.40) der Interpretationstheorie ist hier so zu verstehen, dass die Axiome grundlegende empirische Hypothesen sind, die sich bestätigen oder widerlegen, aber niemals beweisen lassen, 1.23, 4.215 (4)). In unserem Beispielfall handelt es sich offensichtlich um folgende Regeln:

*Erfüllungsregeln*

Funktion f1 (d. h. Fred) erfüllt »bear(x)«, bzw. »sow(x)«, bzw. »home(x)«, bzw. »big(x)«, bzw. »dangerous(x)«, bzw. »edible(x)« gdw Fritz ein Bär bzw. ein Wildschwein bzw. ein Heim bzw. groß bzw. gefährlich bzw. essbar ist.

Funktion f2 (d. h. John) erfüllt »bear(x)«, bzw. »sow(x)«, bzw. »home(x)«, bzw. »big(x)«, bzw. »dangerous(x)«, bzw. »edible(x)« gdw Johannes ein Bär bzw. ein Wildschwein bzw. ein Heim bzw. groß bzw. gefährlich bzw. essbar ist.

Funktion f3 (d. h. Mary) erfüllt »bear(x)«, bzw. »sow(x)«, bzw. »home(x)«, bzw. »big(x)«, bzw. »dangerous(x)«, bzw. »edible(x)« gdw Marie ein Bär bzw. ein Wildschwein bzw. ein Heim bzw. groß bzw. gefährlich bzw. essbar ist.

Funktion f4 (d. h. Emily) erfüllt »bear(x)«, bzw. »sow(x)«, bzw. »home(x)«, bzw. »big(x)«, bzw. »dangerous(x)«, bzw. »edible(x)« gdw Emilie ein Bär bzw. ein Wildschwein bzw. ein Heim bzw. groß bzw. gefährlich bzw. essbar ist.

*Einfache Wahrheitsregeln*
»$P_i(a_j)$« ist wahr gdw $f_j$ die Satzfunktion »$P_i(x)$« erfüllt – dabei steht »$P_i(x)$« für eine der sechs Satzfunktionen des Laretischen und »$a_j$« für einen der vier Eigennamen des Laretischen; es gibt daher im Laretischen 24 einfache Wahrheitsregeln, z. B.

(i) »Bear(Fred)« ist wahr gdw f1 die Satzfunktion »bear(x)« erfüllt,
(ii) »Sow(John)« ist wahr gdw wenn f2 die Satzfunktion »sow(x)« erfüllt,
(iii) »Bear(Mary)« ist wahr gdw f3 die Satzfunktion »bear(x)« erfüllt,
(iv) »Sow(Emily)« ist wahr gdw wenn f4 die Satzfunktion »sow(x)« erfüllt.

*Zusammengesetzte Wahrheitsregeln*
Es gibt schließlich Wahrheitsregeln, die sich mit Hilfe der logischen Junktoren aus einfachen oder aus bereits gebildeten zusammengesetzten Wahrheitsregeln zusammensetzen lassen; für die Angabe der zusammengesetzten Wahrheitsregeln müssen wir uns auch auf die logische Semantik des Laretischen berufen, z. B.

(v) »Bear(Fred) and sow(Mary)« ist wahr gdw f1 die Satzfunktion »bear(x)« erfüllt und wenn f3 die Satzfunktion »sow(x)« erfüllt.
(vi) »Big(Fred) and bear(Emily)« ist wahr gdw f1 die Satzfunktion »big(x)« erfüllt und f4 die Satzfunktion »bear(x)« erfüllt.

(Es gibt offensichtlich *sehr viele* zusammengesetzte Wahrheitsregeln des Laretischen, trotz seines höchst eingeschränkten Vokabulars.)

Einer der *entscheidenden theoretischen Aspekte* dieser Art von Bedeutungstheorie ist, dass die *konkreten* einfachen und zusammengesetzten Wahrheitsregeln aus den Erfüllungsregeln *und* der *allgemeinen* semantischen Wahrheitsregel *abgeleitet werden können.* Mit Hilfe der Erfüllungsregeln können dann aber aus diesen konkreten Wahrheitsregeln wiederum weitere Sätze abgeleitet werden. Um welche Arten von Sätzen handelt es sich dabei?

Schauen wir uns noch einmal die oben angeführten Beispiele (i)–(iv) für konkrete einfache Wahrheitsregeln an. Im Blick auf diese Wahrheitsregeln sagen die Erfüllungsregeln,

(a)* dass f1 die Satzfunktion »bear(x)« erfüllt gdw Fritz ein Bär ist,
(b)* dass f2 die Satzfunktion »sow(x)« erfüllt gdw Johannes ein Wildschwein ist,
(c)* dass f3 die Satzfunktion »bear(x)« erfüllt gdw Marie ein Bär ist,
(d)* dass f4 die Satzfunktion »sow(x)« erfüllt gdw Emilie ein Wildschwein ist.

Aus (a)–(d) und (a)*–(d)* schließlich folgt offenbar

(a)** »Bear(Fred)« ist wahr gdw Fritz ein Bär ist,
(b)** »Sow(John)« ist wahr gdw Johannes ein Wildschwein ist,
(c)** »Bear(Mary)« ist wahr gdw Marie ein Bär ist,
(d)** »Sow(Emily)« ist wahr gdw Emilie ein Wildschwein ist.

Die Sätze (a)**–(d)** haben offenbar gerade die *Form von T-Äquivalenzen*, also die Form jener linguistischen *Daten*, die Lisa im Rahmen ihrer linguistischen Feldforschung bei den Lareten gesammelt hat. Tatsächlich ist unsere Bedeutungstheorie gerade so konstruiert, dass sie für *jeden* wohlgeformten Satz des Laretischen eine geeignete T-Äquivalenz abzuleiten gestattet – und genau das soll eine adäquate Bedeutungstheorie für eine zu interpretierende Sprache leisten.

Wir können dieses konkrete Beispiel in eine *abstraktere Form* überführen (dabei sind jetzt auch quantifizierte Sätze berücksichtigt, die in unserem konkreten Beispiel keine Rolle spielten). Eine *interpretationistische Bedeutungstheorie BT* hat (für den Fall eines eingeschränkten Vokabulars der zu interpretierenden Objektsprache) folgende Form:

1. *Syntax*
1.1. Zeichen (Alphabet) von BT
1.1.1. $a_1, a_2, a_3, a_4$ (Individuenkonstanten)
1.1.2. x, y, … (Individuenvariable, Gegenstandsbereich Menschen)
1.1.3. $P_1(x), P_2(x), P_3(x), P_4(x), P_5(x), P_6(x)$ (Prädikatoren)
1.1.4. $\neg, \vee, \wedge$ (logische Junktoren)
1.1.5. $\exists x, \forall x$ (Quantoren)
1.1.6. (,) (Klammern)

1.2. Formregeln von BT
Ein wohlgeformter Satz S von BT hat genau eine der folgenden Formen:
1.2.1. $P_i(a_j)$ $(i = 1, \ldots, 6;\ j = 1, \ldots, 4)$
1.2.2. $\neg(\Sigma_1), (\Sigma_1) \wedge (\Sigma_2), (\Sigma_1)/(\Sigma_2)$ (falls $\Sigma_1$, $\Sigma_2$ bereits wohlgeformt sind)
1.2.3. $\forall x\, P_i(x)$ $(i = 1, \ldots, 6)$
1.2.4. $\exists x\, P_i(x)$ $(i = 1, \ldots, 6)$

2. *Semantik*
2.1. Bezeichnungsregeln (Funktionen) in BT
2.1.1. »$a_1$« bezeichnet Fritz, d. h. $f_1(a_1)$ = Fritz,
2.1.2. »$a_2$« bezeichnet Johannes, d. h. $f_2(a_2)$ = Johannes,
2.1.3. »$a_3$« bezeichnet Marie, d. h. $f_3(a_3)$ = Marie,
2.1.4. »$a_4$« bezeichnet Emilie, d. h. $f_4(a_4)$ = Emilie.

2.2. Satzfunktionen (= Prädikatoren; vgl. (1)(i)(c)) in BT:
2.2.1. $\forall x$ ($P_1(x)$ gdw x ein Bär ist)
2.2.2. $\forall x$ ($P_2(x)$ gdw x ein Wildschwein ist)

2.2.3. $\forall x$ ($P_3(x)$ gdw x ein Heim ist)
2.2.4. $\forall x$ ($P_4(x)$ gdw x groß ist)
2.2.5. $\forall x$ ($P_5(x)$ gdw x gefährlich ist)
2.2.6. $\forall x$ ($P_6(x)$ gdw x essbar ist)

2.3. Abstrakte Erfüllungsregel:
Eine Funktion $f$ mit $f(a_i) = g_i$ ($a_i$ Individuenkonstante (Eigennamen), $g_i$ einzelne Gegenstände) erfüllt die Satzfunktion »$\Pi(x)$« gdw gilt: $\Delta(g_i)$ (wobei $\Delta$ der Prädikator der Metasprache ist, der dem objektsprachlichen Prädikator $\Pi$ zugeordnet ist).

2.4. Abstrakte Wahrheitsregel:
2.4.1. $\Pi(a_i)$ ist wahr, falls es eine Funktion $f$ mit $a_i$ als Argument gibt, die die Satzfunktion $\Pi(x)$ erfüllt.
2.4.2. $\forall x\ \Pi(x)$ ist wahr, falls jede Funktion mit $x_i$ als Argumenten die Satzfunktion $\Pi(x)$ erfüllt.
2.4.3. $\exists x\ \Pi(x)$ ist wahr, falls es mindestens eine Funktion mit $x_i$ als Argumenten gibt, die die Satzfunktion $\Pi(x)$ erfüllt.

2.5. Logische Semantik in BT:
Seien $\Sigma_1$, $\Sigma_2$ wohlgeformte Sätze in BT, so gilt
2.5.1. $\Sigma_1$ ist falsch gdw $\Sigma_1$ nicht wahr ist.
2.5.2. $\neg (\Sigma_1)$ ist wahr gdw $\Sigma_1$ falsch ist.
2.5.3. $(\Sigma_1) \wedge (\Sigma_2)$ ist wahr gdw $\Sigma_1$ wahr ist und $\Sigma_2$ wahr ist.
2.5.4. $(\Sigma_1) \vee (\Sigma_2)$ ist wahr gdw $\neg (\Sigma_1) \wedge \neg (\Sigma_2)$ falsch ist.

3. *Konkrete Regeln in (BT)*
3.1. Erfüllungsregeln in BT:
3.1.1. $f_1$ erfüllt $P_i(x)$ ($i = 1, \ldots, 6$) gdw Fritz ein Bär bzw. ein Wildschwein bzw. ein Heim bzw. groß bzw. gefährlich bzw. essbar ist.
3.1.2. $f_2$ erfüllt $P_i(x)$ ($i = 1, \ldots, 6$) gdw Johannes ein Bär

bzw. ein Wildschwein bzw. ein Heim bzw. groß bzw. gefährlich bzw. essbar ist.

3.1.3. $f_3$ erfüllt $P_i(x)$ (i = 1, …, 6) gdw Marie ein Bär bzw. ein Wildschwein bzw. ein Heim bzw. groß bzw. gefährlich bzw. essbar ist.

3.1.4. $f_4$ erfüllt $P_i(x)$ (i = 1, …, 6) gdw Emilie ein Bär bzw. ein Wildschwein bzw. ein Heim bzw. groß bzw. gefährlich bzw. essbar ist.

3.2. Wahrheitsregeln in BT:

3.2.1. »$P_i(a_j)$« ist wahr gdw fj die Satzfunktion »$P_i(x)$« erfüllt. (dabei steht »$P_i(x)$« für eine der sechs Satzfunktionen und »$a_j$« für einen der vier Eigennamen)

3.2.2. »$\forall x\ P_i(x)$« ist wahr gdw alle Funktionen die Satzfunktion $P_i(x)$ erfüllen.

3.2.3. »$\exists x\ P_i(x)$« ist wahr gdw eine Funktion die Satzfunktion $P_i(x)$ erfüllt.

4. *Folgerungen*

Nach (BT) gilt dann:

4.1. Für jeden wohlgeformten Satz Σ der in (BT)(1) eingeführten Objektsprache ist aus (BT) ein Satz der Form (*) Σ ist wahr gdw T ableitbar (Σ ist der Name (in Metasprache Deutsch) für einen objektsprachlichen Satz, T ist der aus (BT) folgende zugehörige metasprachliche Satz).

4.2. Bedeutungen als Entitäten werden weder postuliert noch erwähnt. Die einzigen semantischen Grundbegriffe sind »Wahrheit« und »Erfüllung«.

4.3. Die einzigen Entitäten, deren Existenz vorausgesetzt wird, sind die Einzeldinge Emilie, Marie, Fritz und Johannes (Nominalismus, 2.46, 2.47).

4.4. Die einzigen Fälle, in denen ein eindeutiger Bezug oder eine klare Korrespondenz zwischen sprachlichen Zeichen und Entitäten in der Welt hergestellt wird, sind die Bezeichnungsregeln in 2.1. In diesem bescheidenen Sinne ist (BT) eine Korrespondenztheorie.

4.5. Zur Formulierung von (BT) wird eine verwendete und verstandene Metasprache vorausgesetzt (das Deutsche).

4.6. Zwar ist, *falls* unabhängig von (BT) bekannt ist, dass ein Satz der Form »Σ ist wahr« sowie ein Satz der Form »T« wahr sind, auch das Bikonditional »Σ ist wahr gdw T« wahr, aber die Wahrheit eines derartigen Bikonditionals folgt nicht aus (BT) allein, sondern nur aus den Daten für (BT).

4.7. (BT) zeigt, wie die Bedeutung von Sätzen von den jeweiligen Satzteilen abhängt, d. h., wie die Bedeutung vom Bezug der Eigennamen auf Einzeldinge und dem systematischen Beitrag der Prädikate und logischen Operationen abhängt.

4.8. Nach 4.1.–4.7. ist (BT) adäquat im Sinne von (R).

## Übungen

Vorbemerkung: Die Lösungen der Übungsaufgaben sollten möglichst prägnant formuliert werden. Reine Ja-Nein-Antworten reichen allerdings nicht aus. Die Antworten sollten stets unter Bezugnahme auf die entsprechenden Explikationen im Haupttext begründet werden.

Am Ende der Kapitel werden jeweils drei der einflussreichsten Artikel oder Buchkapitel zum Thema des Kapitels angegeben. Diese Originalarbeiten können bei der Durcharbeit des Grundkurses zusätzlich mit Gewinn gelesen werden. Sie können aber auch als Grundlage von jeweils drei weiteren Übungsaufgaben betrachtet werden, die sämtlich eine Analyse der Texte im Umfang von 3 bis 6 Seiten zum Inhalt haben. Die Texte werden daher mit einer AN-Nummerierung (AN für Analyse) den übrigen Übungsaufgaben hinzugefügt.

## Übungen zu Kapitel 7: Allgemeine Philosophie des Geistes

**69.** (a) Geben Sie zwei einzelne mentale Zustände an, die repräsentational sind, sowie zwei mentale Zustände, die nicht repräsentational sind (3.103).
(b) Geben Sie einen mentalen Zustand an, der bewusst, aber nicht repräsentational ist.

**70.** Was könnte es beispielsweise heißen, dass die bei Vögeln auftretende natürliche Funktion, das Fliegen zu erleichtern, durch verschiedene physikalisch-biologische Zustände oder Eigenschaften von Teilen von Vögeln realisiert werden kann (3.103 (1), 3.110)?

**71.** Begründen Sie: Die Thesen (b) und (c) des ontologischen Dualismus in 3.104 enthalten, als Prämissen genommen, eine Konklusion, die der These (a) in 3.104 widerspricht.

**72.** Vergleichen Sie den linguistischen und metaphysischen Behaviorismus (3.106 (2)(a)–(b)) mit der Typen-Identitätstheorie (3.107).

**73.** Ist die Typen-Identitätstheorie (3.107) mit dem Prinzip der vielfachen Realisierbarkeit (3.110) vereinbar?

**74.** Welches sind die entscheidenden Unterschiede zwischen der Typen-Identitätstheorie (3.107) und der Computertheorie des Geistes (3.109, 3.113 (6)–(8))?

**75.** Geben Sie ein konkretes Beispiel für Supervenienz im Sinne von 3.117 an (also Gegenstände mit Eigenschaften S und B, so dass das S auf der Basis B superveniert).

**76.** Seien B und S Arten von Eigenschaften irgendwelcher Gegenstände G; betrachten Sie nun zwei Fälle:
(a) Wenn beide Gegenstände hinsichtlich der Basis-Eigenschaft B unterschiedlich sind, so auch hinsichtlich der supervenierenden Eigenschaft S.
(b) Wenn beide Gegenstände hinsichtlich der S-Eigenschaft unterscheidbar sind, so auch hinsichtlich der Basis-Eigenschaft B.

Frage: In welchem der beiden Fälle (a) und (b) superveniert Eigenschaft S auf der Basis B? (Begründen Sie die Antwort mit Hilfe von 3.117!)

**77.** Konstruieren Sie jeweils ein Beispiel für schwache und starke Supervenienz (3.118).

**78.** Vergleichen Sie die Begriffe der neuronalen Repräsentation (3.124), der Repräsentation im semiotischen Sinne (3.127 (5)–(6)), der Repräsentation im geist-theoretischen Sinne (3.103 (1)–(3), 3.128) und der Pushmi-Pullyu-Repräsentation (3.103(4)).

**79.** Beschreiben Sie in eigenen Worten und anhand von Beispielen den Unterschied zwischen Körperschema und Körperbild (3.122 – 3.123).

AN 7.1. Putnam, H.: Die Natur mentaler Zustände. In: Bieri, P.: Analytische Philosophie des Geistes. Bodenheim 1993. S. 123–135.

AN 7.2. Kim, J.: Einleitung in die Philosophie des Geistes. In: J. K.: Philosophie des Geistes. Wien / New York 1998. S. 1–26.

AN 7.3. Dennett, D.: Intentionale Systeme. In: Bieri, P.: Analytische Philosophie des Geistes. Bodenheim 1993. S. 162–184.

## Übungen zu Kapitel 8: Repräsentationstheorie

80. (a) Geben Sie einen Wunsch, eine Überzeugung und eine Hoffnung an, die denselben propositionalen Gehalt haben (vgl. 3.133, 3.135–3.137).
(b) Geben Sie zwei Überzeugungen an, die propositionale Gehalte haben, die einander logisch widersprechen.

Bei der Lösung dieser Aufgaben müssen die propositionalen Gehalte der angebotenen Beispiele ausdrücklich angegeben werden.

81. (a) Lässt sich Rauch als natürliches Zeichen von Feuer im Sinne von 3.127 auffassen?
(b) Wenn X ein natürliches Zeichen für Y ist, setzt dann diese Zeichenrelation zwischen X und Y voraus, dass es Interpreten gibt, die X als Zeichen von Y auffassen?

82. Erläutern Sie kurz die theoretischen Beziehungen zwischen Repräsentationen, semantischen Gehalten, repräsentationalen Zeichen und Bedeutungen gemäß 3.128 und 3.129.

83. Was heißt es nach 3.130, dass auch die Eigenschaften von Augen blinder Menschen die echte Funktion haben, durch Verarbeitung von Lichtreizen ein visuelles Bild der externen Welt zu erzeugen?

84. Angenommen, Christine sagt zu Axel:
»Christian hat zu Barbara gesagt ›Wenn Du Deinen Mann verlässt, ziehe ich mit Dir zusammen‹.«
Was ist gemäß 3.133 der propositionale Gehalt, und was ist der psychische Modus
(a) der Äußerung, die Christian gegenüber Barbara gemacht hat,

(b) der Äußerung, die Christine gegenüber Axel gemacht hat?

**85.** Zeigen Sie unter Verwendung von 3.135, wie die Sätze
(a) »Christine ist der Auffassung, dass Aristoteles ein großer Philosoph war«,
(b) »Sylvia hofft, dass ihr Lieblingskandidat gewinnt«, intensionale Kontexte erzeugen.

**86.** Angenommen, Maria ist davon überzeugt, dass Indien und Pakistan einen weiteren Krieg im Kashmir führen, aber sie wünscht zugleich, dass dies nicht geschehen möge; in welchem doppelten Sinne von 3.136 sind Marias Überzeugung und Wunsch normativ?

**87.** Betrachten Sie folgenden Sachverhalt:
Marion beabsichtigt, im Sommer nach Griechenland zu fahren.
Kennzeichnen Sie unter Voraussetzung von 3.134 (4) und 3.135 die Intention, die Intentionalität und die Intensionalität in Hinsicht auf diesen Sachverhalt und seine Beschreibung.

**88.** Erläutern Sie mit Bezug auf 3.139, inwiefern das Verstehen (das heißt hier: Interpretieren) eine grundsätzlich andere Methode ist als das naturwissenschaftliche Erklären.

AN 8.1. Millikan, R.: Biosemantics. In: Journal of Philosophy 86 (1989) S. 281–297.
AN 8.2. Searle, J.: Die Natur intentionaler Zustände. In: J. S.: Intentionalität. Frankfurt a. M. 1991. Kap. 1. S. 15–58.
AN 8.3. Fodor, J.: A Theory of Content I. Cambridge 1990. Kap. 3. S. 51–87.

## Übungen zu Kapitel 9: Theorie des Bewusstseins

89. Hier ist eine kleine Erzählung:
(a) Gestern bin ich an der Lahn auf einem sehr schönen Weg mit Bernd Fahrrad gefahren. (b) Vor allem im ersten Teil der Fahrt haben wir die Flusslandschaft und die Auen genauer betrachtet und ihre Natürlichkeit genossen. (c) Dabei fiel mir auf, dass sich meine Wahrnehmung dieser Naturlandschaft verändert hat: Mir fallen mehr ökologisch relevante Details auf. (d) Später haben wir uns dann während der Fahrt unterhalten und nicht mehr auf den Weg und die Landschaft geachtet, aber glücklicherweise ist dabei kein Unfall passiert. (e) Am Ende wurde Bernd allerdings schlecht und schwarz vor Augen, so dass er eine Zeitlang nicht weiterfahren konnte.
Versuchen Sie, den in den Sätzen (a)–(e) skizzierten Situationen bestimmte Formen des Bewusstseins nach 3.140 und 3.41 zuzuordnen, in denen die Erzähler und Bernd sich befanden. (Dabei können auch mehrere Bewusstseinsformen zugleich realisiert sein.)

90. Um welche Art von Gefühlen handelt es sich bei Durst, Ekel, Kitzel, Liebe, Mitgefühl, Gliederreißen, Lust auf Schokolade, Juckreiz, Panik: (a) Emotionen, (b) Triebzustände oder (c) Körpergefühle, die weder Emotionen noch Triebzustände sind (3.143–3.144)?

91. Jemand sagt:
»Wenn ich mich darauf besinne, wie ich die Welt wahrnehme, dann (a) betrachte ich zwar meine Umgebung immer von einer bestimmten Position aus, aber (b) ich nehme nicht an, dass Personen in meiner näheren Umgebung die Dinge wesentlich anders wahrnehmen, und (c) wenn mein Geist meine Wahrnehmungen aus einlaufenden Stimuli

konstruieren sollte, dann bleibt mir dieser Mechanismus jedenfalls verborgen.«

Welche der in 3.142 angesprochenen phänomenalen Merkmale des bewussten Erlebens werden in den Sätzen (a) bis (c) erwähnt?

**92.** (a) Angenommen, das phänomenale Bewusstsein als ein Aspekt des Zustandsbewusstseins hat für sich allein keine kausale Kraft, mit der es auf die physische Welt wirken könnte (so lautet die Position des *Epiphänomenalismus*, 3.120); könnte das phänomenale Bewusstsein dann zugleich naturgesetzlich in Gehirnzuständen realisiert sein (3.119 (3))? Begründen Sie Ihre Antwort!

(b) Sind das Nagel-Argument, das Jackson-Argument und das Levine-Argument damit vereinbar, dass das Mentale auf dem Physischen im weiten Sinne superveniert (dazu 3.117 und 3.152 (1)–(3))?

**93.** Wenn das *Ich-Bewusstsein* bestimmt wird als Gedanken einer Person P der Form, dass es P (»ich«) ist, die bestimmte Gedanken hat – erfordern dann

(a) Subjekt-Bewusstsein,
(b) Zustandsbewusstsein,
(c) das Haben von Gedanken zweiter Ordnung

als Basis ein Ich-Bewusstsein (dazu 3.140, 3.141)?

**94.** (a) Wie lassen sich Triebzustände im psychoanalytischen Sinne (z. B. Hunger, Durst, sexuelles Bedürfnis) in der philosophischen Theorie der Gefühle (3.143–3.148) verorten?

(b) Sind Triebzustände expressiv (3.147)?

AN 10.1. Nagel, Th.: Wie ist es, eine Fledermaus zu sein? In: Bieri, P.: Analytische Philosophie des Geistes. Bodenheim 1993. S. 261–275.

AN 10.2. Jackson, F.: What Mary didn't know. In: Journal of Philosophy 83 (1982) S. 291–295.

AN 10.3. Block, N.: Eine Verwirrung über eine Funktion des Bewusstseins. In: Metzinger, Th. (Hrsg.): Bewusstsein. Beiträge aus der Gegenwartsphilosophie. Paderborn 2001. S. 523–582.

## Übungen zu Kapitel 10: Philosophie der Sprache

**95.** 3.161 nennt zwei Kriterien zur Klassifikation von Aussagen. Diese beide Kriterien können aufeinander bezogen werden. Welchen systematischen Zusammenhang zwischen den Thesen (1) und (2) behauptet der Logische Empirismus?

**96.** Geben Sie zwei Sätze an, die gemäß der Carnap-Semantik (3.162) dieselbe Intension haben.

**97.** (a) Urs sagt zu Ben: »Keine Ahnung, aber ich glaube, Maren will sich von Dir trennen. Das ist nur so ein Bauchgefühl…«. Welche Konversationsmaxime (3.157) wird von Urs verletzt?

(b) Marion sagt zu Ralph: »Du nörgelst ständig und bei jeder Kleinigkeit an mir herum.« Welche Sprechakte (3.159) stecken in Marions Äußerung?

**98.** (a) Die Herren Meier, Müller und Schmidt unterhalten sich über eine wichtige Angelegenheit. Plötzlich nimmt Herr Meier Herrn Müller beiseite und flüstert mit ihm. Dann sagen Meier und Müller zu Schmidt: »Würden Sie bitte kurz das Zimmer verlassen?« Welche konventionelle Implikatur und welche konversationellen Implikaturen (3.160) sind vermutlich in dieser Frage enthalten?

(b) Beschreiben Sie das Schema (3.163) des Begriffs »Messer« und das Skript (3.163) des Begriffs »Konzertbesuch«. Vergleichen Sie Ihre eigene Antwort mit den Antworten Ihrer KommilitonInnen!

**99.** Konstruieren Sie im Anschluss an 3.166 (3) ein Sprachspiel für einen Terminus oder einen Aussagesatz im Sinne Wittgensteins.

**100.** Welche Probleme der Wittgensteintheorie (3.165 – 3.168) versuchen externalistische Semantiken natürlicher Sprachen zu lösen?

**101.** Geben Sie drei Beispiele (a), (b) und (c) für T-Theoreme an (3.174). Dabei soll in (a) die Objektsprache und die Metasprache das Deutsche, in (b) die Objektsprache Englisch und die Metasprache Deutsch und in (c) die Objektsprache Deutsch und die Metasprache Französisch sein.

**102** Welches ist nach Ihrer Ansicht das größte Problem, vor dem die Inferentialistische Semantik (3.169, 3.170) steht?

**103.** Welche theoretische Funktion hat das Prinzip der Nachsicht (3.176) in der interpretationistischen Semantik (3.173–3.179)?

**104.** Erläutern Sie die Gründe, die sich der interpretationistischen Semantik zufolge für die These angeben lassen, dass radikaler Skeptizismus und Relativismus unhaltbar sind (3.175).

AN 9.1. Carnap, R.: Bedeutung und Notwendigkeit. Wien / New York 1972. Kap. I. Abschnitte 1–6. S. 2–40.

AN 9.2. Wittgenstein, L.: Philosophische Untersuchungen §§ 1–19, 23 (Über ein altes und neues Bild von Sprache.), §§ 244–272 (Über Privatsprachen.). In: L. W.: Schriften. Bd. 1. Frankfurt a. M. 1984. S. 289–301, 390–398.
AN 9.3. Davidson, D.: Radikale Interpretation. In: D. D.: Wahrheit und Interpretation. Frankfurt a. M. 1990. S. 183–203.

# Literaturhinweise

## *Grundlegende Literatur*

Brandom, R.: Making it Explicit. Cambridge (Mass.) 1994. – Dt.: Expressive Vernunft. Frankfurt a. M. 2000.
Churchland, P. M.: The engine of reason, the seat of the soul: a philosophical journey into the brain. Cambridge (Mass.) 1995. – Dt.: Die Seelenmaschine – Eine philosophische Reise ins Gehirn. Heidelberg 1997.
Davidson, D.: Inquiries into Truth and Interpretation. Oxford 1984. – Dt.: Wahrheit und Interpretation. Frankfurt a. M. 1990.
Dennett, D. C.: Kinds of Minds. Cambridge (Mass.) 1996. – Dt.: Spielarten des Geistes. München 1999.
Dretske, F. I.: Naturalizing the Mind. Cambridge (Mass.) 1995. – Dt.: Naturalisierung des Geistes. Paderborn 1998.
Dummett, M.: Truth and Other Enigmas. London 1978. – Dt.: Wahrheit. Stuttgart 1982.
Fodor, J.: Psychosemantics. Cambridge (Mass.) 1993.
Kripke, S. A.: Naming and Necessity. In: Davidson, D. / Harman, G. (Hrsg.): Semantics of Natural Language. Dordrecht 1972. S. 253–355, 763–769. – Dt.: Name und Notwendigkeit. Frankfurt a. M. 1981.
McDowell, J.: Mind and World. Harvard 1996. – Dt.: Geist und Welt. Frankfurt a. M. 2000.
Millikan, R. G.: Language, Thought, and Other Biological Categories. Cambridge (Mass.) 1984.
Putnam, H.: The Meaning of »Meaning«. In: Gunderson, K. (Hrsg.): Language, Mind, and Knowledge. Minneapolis 1975. – Dt.: Die Bedeutung von »Bedeutung«. Frankfurt a. M. 1990.
– Reason, Truth and History. Cambridge (Mass.) 1981. – Dt.: Vernunft, Wahrheit und Geschichte. Frankfurt a. M. 1990.
Quine, W. v.: Word and Object. Cambridge (Mass.) 1960. – Dt.: Wort und Gegenstand. Stuttgart 1980.
Ryle, G.: The Concept of Mind. London 1949. – Dt.: Der Begriff des Geistes. Reinbek 1969.
Searle, J. R.: Minds, Brains and Science. BBC 1984. – Dt.: Geist, Hirn und Wissenschaft. Frankfurt a. M. 1989.
– The Rediscovery of the Mind. Cambridge (Mass.) 1992. – Dt.: Die Wiederentdeckung des Geistes. Frankfurt a. M. 1996.

Tomasello, M.: Die kulturelle Entwicklung des menschlichen Denkens: Zur Evolution der Kognition. Frankfurt a. M. 2006.
Wittgenstein, L.: Philosophische Untersuchungen. Werke Bd. 1. Frankfurt a. M. 1984.

### *Einführungen zu Kapitel 7*

Beckermann, A.: Analytische Einführung in die Philosophie des Geistes. 3., überarb. Aufl. Berlin 2008.
– Das Leib-Seele-Problem. Eine Einführung in die Philosophie des Geistes. Stuttgart 2011.
Fingerhut, J. / Hufendiek, R. / Wild, M. (Hrsg.): Philosophie der Verkörperung. Grundlagentexte zu einer aktuellen Debatte. Frankfurt a. M. 2013.
Gallagher, S.: How the body shapes the mind. Oxford 2005.
Guttenplan, S. (Hrsg.): A Companion to the Philosophy of Mind. Malden (Mass.) 1994.
Heil, J.: Philosophy of Mind – A Contemporary Introduction. London 1998.
– Philosophy of Mind: A Guide and Anthology. Oxford 2004.
Liptow, J.: Philosophie des Geistes zur Einführung. Hamburg 2013.
Kim, J.: Philosophy of Mind. Oxford 1996. – Dt.: Philosophie des Geistes. Berlin 1998.
– Mind in a Physical World: An Essay on the Mind-Body-Problem and Mental Causation. Cambridge (Mass.) 1998.
Metzinger, T.: Grundkurs Philosophie des Geistes. Bd. 2: Das Leib-Seele-Problem. Münster 2013.
Newen, A.: Philosophie des Geistes. Eine Einführung. München 2013.
Smart, J. J. C.: »The Mind/Brain Identity Theory«. In: The Stanford Encyclopedia of Philosophy. Hrsg. von Edward N. Zalta. Winter Edition 2014. [http//plato.stanford.edu/archives/win2014/entries/mind-identity.]
Ravenscroft, I.: Philosophie des Geistes. Eine Einführung. Stuttgart 2008.
Rey, C.: Contemporary Philosophy of Mind. Oxford 1997.
Sturma, D.: Philosophie des Geistes. Grundwissen Philosophie. Stuttgart 2001.

Tetens, H.: Geist, Gehirn, Maschine. Stuttgart 1994.
Tomasello, M.: Eine Naturgeschichte des menschlichen Denkens. Frankfurt a. M. 2014.

### *Weiterführende Literatur zu Kapitel 7*

Bechtel, W. / Graham, G. (Hrsg.): A Companion to Cognitive Science. Blackwell 1999.
Beckermann, A. / Kim, J. / Flohr, H. (Hrsg.): Emergence or Reduction? Essays on the Perspective of Non-Reductive Physicalism. Berlin / New York 1992.
Bieri, P. (Hrsg.): Analytische Philosophie des Geistes. Frankfurt a. M. 1993.
Churchland, P. S.: Brain-Wise Studies in Neurophilosophy. Cambridge 2002.
Dennett, D.: Brainchildren. Boston 1998.
Gallagher, S. / Zahavi, D: The phenomenological Mind. An Introduction to Philosophy of Mind and Cognitive Science. London 2008.
Lakoff, G. / Johnson, M.: Philosophy in the Flesh. The Embodied Mind and its Challenge to Western Thought. Chicago 1999.
Metzinger, Th. (Hrsg.): Grundkurs Philosophie des Geistes. 3 Bde. Paderborn 2006.
Parfit, D.: Reasons and Persons. Oxford 1986.
Rosch, E. / Lloyd. B. L. (Hrsg.): Cognition and Categorization. Hillsdale 1978.
Turing, A.: Computing machinery and intelligence. In: Mind 49 (1950) S. 433–460.
Vogel, M.: Medien der Vernunft. Frankfurt a. M. 2001.

### *Einführungen zu Kapitel 8*

Detel, W.: Teleosemantik. Ein neuer Blick auf den Geist? In: Deutsche Zeitschrift für Philosophie 49 (2001) S. 449–465.
Metzinger, T. (2010): Grundkurs Philosophie des Geistes. Bd. 3: Intentionalität und mentale Repräsentation. Münster 2010.
Pitt, David: Mental Representation. In: The Stanford Encyclopedia of Philosophy. Hrsg. von Edward N. Zalta. Fall Edition 2013.

[http://plato. stanford.edu/archives/fall2013/entries/mental-representation.]

Rey, G.: Representation. In: G. R.: Contemporary Philosophy of Mind. Oxford 1997. [Kap. 9.]

Sterelny, K.: The Representational Theory of Mind. An Introduction. Oxford 1990.

Stich, St. / Warfield, T. (Hrsg.): Mental Representation: A Reader. Oxford 1994.

### *Weiterführende Literatur zu Kapitel 8*

Dennett, D.: The Intentional Stance. Cambridge 1987.

Fodor, J. A.: Psychosemantics, or, Where do Truth Conditions Come from? In: Mind and Cognition. Hrsg. von W. Lycan. Blackwell 1987.

Godfrey-Smith, P.: Complexity and the Function of Mind in Nature. Cambridge 1996.

McGinn, C.: Mental Content. Oxford / New York 1989.

Millikan, R. G.: Language, Thought and Other Biological Categories. MIT Press. 1988.

Papineau, D.: Reality and Representation. Oxford 1987.

Searle, J. R.: Intentionality: An Essay in the Philosophy of Mind. Cambridge (Mass.) 1983. – Dt.: Intentionalität. Frankfurt a. M. 1991.

Walsh, D. M.: Wide Content Individualism. In: Mind 107 (1998) S. 625–651.

### *Einführungen zu Kapitel 9*

Blackmore, S.: Consciousness. An Introduction. Oxford 2003.

Damasio, A.: Self Comes to Mind. Constructing the Conscious Brain. New York 2010. – Dt.: Selbst ist der Mensch: Körper, Geist und die Entstehung des menschlichen Bewusstseins. München 2011.

Metzinger, T.: Grundkurs Philosophie des Geistes. Bd. 1: Phänomenales Bewusstsein. Münster 2009.

Kim, J.: Bewusstsein. In: J. K.: Philosophie des Geistes. Wien / New York 1998. Kap. 7.

Papineau, D. / Selina, H.: Introduction: Consciousness. Cambridge 2000.
Stephan, A. / Walter, H. (Hrsg.): Natur und Theorie der Emotion. Paderborn 2003.
Van Gulick, Robert: Consciousness. In: The Stanford Encyclopedia of Philosophy. Hrsg. von Edward N. Zalta Spring Edition 2014. [http://plato.stanford.edu/archives/spr2014/entries/consciousness.]

### *Weiterführende Literatur zu Kapitel 9*

Becker, A.: Verstehen und Bewusstsein. Paderborn 2000.
Block, N. / Flanagan, O. / Güzeldere, G. (Hrsg.): The Nature of Consciousness. Philosophical Debates. Cambridge (Mass.) 1997.
Carruthers, P.: Consciousness. Essays from a Higher-Order Perspective. Oxford 2005.
– The Opacity of Mind. The Cognitive Science of Self-Knowledge. Oxford 2011.
Chalmers, D.: The Conscious Mind. Oxford 1995.
Damasio, A.: The Feeling of What Happens. New York 1999. – Dt.: Ich fühle, also bin ich. München 2000.
Davies, M. / Humphreys, G. W. (Hrsg.): Consciousness: Psychological and Philosophical Essays. Oxford 1993.
Dennett, D. C.: Consciousness Explained. London 1991. – Dt.: Die Philosophie des menschlichen Bewusstseins. Hamburg 1994.
– Kinds of Minds. New York 1996. – Dt.: Spielarten des Geistes. München 1999.
Dretske, F.: Naturalizing the Mind. Cambridge (Mass.) 1995.
Ekman, P.: Emotions Revealed. 2. Aufl. New York 2003.
Griffith, P.: What Emotions Really Are. The Problem of Psychological Categories. Chicago/London 1997.
Jackson, F.: What Mary Didn't Know. In: The Journal of Philosophy 83 (1986) S. 291–295.
– (Hrsg.): Consciousness. Brookfield 1998.
Levine, J.: Recent Work on Consciousness. In: American Philosophical Quarterly 43 (1997) S. 397–404.
McGinn, C.: The Problem of Consciousness. London 1991.
Metzinger, T. (Hrsg.): Bewusstsein. Beiträge aus der Gegenwartsphilosophie. Paderborn 1995.

Nagel, Th.: The View from Nowhere. Oxford 1986.
– Geist und Kosmos: Warum die materialistische neodarwinistische Konzeption der Natur so gut wie sicher falsch ist. Frankfurt a. M. 2013.
Slaby, J. / Stephan, A. / Walter, H. / Walter, S. (Hrsg.): Affektive Intentionalität. Beiträge zur welterschließenden Funktion der menschlichen Gefühle. Paderborn 2011.
Sousa, R. de: The Rationality of Emotions. Cambridge (Mass.) 1987. – Dt.: Die Rationalität des Gefühls. Frankfurt a. M. 1997.
Sterelny, K.: Representational Theory of Mind. Oxford 1990.
Strawson, G.: Mental Reality. Cambridge 1994.
Tye, M.: Ten Problems of Consciousness: A Representational Theory of the Phenomenal Mind. Cambridge 1997.

### *Einführungen zu Kapitel 10*

Bertram, G. W.: Sprachphilosophie zur Einführung. Hamburg 2014.
Cummins, R.: Meaning and Representation. Cambridge (Mass.) 1989.
Devitt, M. / Hauley, R. (Hrsg.): The Blackwell Guide to the Philosophy of Language. London 2006.
Hale, B. / Wright, C. (Hrsg.): A Companion to the Philosophy of Language. Malden (Mass.) 1999.
Kambartel, F. / Stekeler-Weithofer, P.: Sprachphilosophie: Probleme und Methoden. Stuttgart 2005.
Lycan, W. G.: Philosophy of Language: A Contemporary Introduction. London 2001.
Miller, A.: Introduction to the Philosophy of Language. London 1998.
Newen, A. / Schenk, M. A.: Einführung in die Sprachphilosophie. Darmstadt 2008.
Pinker, S.: The Language Instinct: The New Science of Language and Mind, London 1994.– Dt.: Der Sprachinstinkt. Wie der Geist die Sprache bildet. München 1996.
Runggaldier, E.: Analytische Sprachphilosophie. Stuttgart 1990.
Taylor, K.: Truth and Meaning. Oxford 1998.
Tomasello, M.: Die Ursprünge der menschlichen Kommunikation. Frankfurt a. M. 2011.

*Weiterführende Literatur zu Kapitel 10*


Austin, J. L.: How to do things with Words. Oxford 1962. – Dt.: Zur Theorie der Sprechakte. Stuttgart 1972.

Blackburn, S.: Spreading the Word. Oxford 1984.

Brandom, R.: Articulating Reasons. Cambridge (Mass.) 2000. – Dt.: Begründen und Begreifen: Eine Einführung in den Inferentialismus. Frankfurt a. M. 2004.

Carnap, R.: Meaning and Necessity. Chicago 1947. – Dt.: Bedeutung und Notwendigkeit. Wien / New York 1972.

Chomsky, N.: Rules and Representation. New York 2005.

Devitt, M. / Sterelny, K.: Language and Reality. Oxford 1987.

Dummett, M.: The Seas of Language. Oxford 1993.

Evans, G.: The Variety of Reference. Oxford 1982.

Fodor, J. A.: A Theory of Content. Cambridge (Mass.) 1990.

Frege, G.: Funktion, Begriff, Bedeutung. Göttingen 1994.

Grice, H. P.: Meaning. In: The Philosophical Review 64 (1957) S. 377–388.

– Studies in the Way of Words. Cambridge (Mass.) 1989.

Hinzen, W.: The philosophy of universal grammar. Oxford 2013.

Kripke, S. A.: Wittgenstein on Rules and Private Language. Oxford 1982. – Dt.: Wittgenstein über Regeln und Privatsprachen. Frankfurt a. M. 1987.

– Referenz und Existenz. Die John Locke-Vorlesungen. Stuttgart 2014.

Larson, R. / Segal, G.: Knowledge of Meaning. Cambridge 1995.

LePore, E. (Hrsg.): Truth and Interpretation. Oxford 1986.

Lewis, D.: Philosophical Papers. Bd. 1. Oxford 1983.

Platts, M.: Ways of Meaning. London 1979.

Richard, M. (Hrsg.): Meaning. Oxford 2003.

Russell, B.: On Denoting. Mind 14 (1956) S. 479–493. – Dt.: Über das Kennzeichnen. In: B. R.: Philosophische und politische Aufsätze. Stuttgart 1971.

Searle, J. R.: Speech Acts. Cambridge (Mass.) 1969. – Dt.: Sprechakte. Frankfurt a. M. 1971.

Stainton, R. J. (Hrsg.): Perspectives in the Philosophy of Language: A Concise Anthology. Peterborough 2000.

Tarski, A.: Die semantische Konzeption der Wahrheit und die Grundlagen der Semantik. In: Skirrbeck, G. (Hrsg.): Wahrheitstheorien. Frankfurt a. M. 1996.

Wright, C.: Realism, Meaning, and Truth. Oxford 1987.

# Register

Das Register listet die Begriffe und Positionen auf, die in den grauen Kästen erläutert werden. Die Haupteinträge sind fast immer Substantive. In den Untereinträgen wird zum Teil auch nach Adjektiven gelistet. Die Zahlen in Klammern geben die Nummer der Erläuterung (oder Definition) an, in der die gelisteten Begriffe vorkommen. Die Zahlen ohne Klammern geben die Seite an, auf der die zuvor genannte Erläuterung vorkommt.